日韓の未来図

文化への熱狂と外交の溝

小針　進
Kohari Susumu
大貫智子
Onuki Tomoko

a pilot of wisdom

目次

「推し」という言葉とＢＴＳに「沼る」その影響
失敗と過ちを認めるＢＴＳへの評価
人間の安全保障で積極的に発言するＢＴＳ
「渡韓ごっこ」をする女子高生
韓流ファンの元祖・中高年女性と社会への「主体性」

第2章 若者の「違和感」と日韓関係

1 文化と政治をめぐる日本の大学生の葛藤（小針）

韓国は「令和の流行の発信地」、日本は「紙」のイメージ
政治と文化を切り離せない葛藤
「政治の韓国」＝朴槿恵と「文化の韓国」＝ＢＴＳの著しい差
韓国の「反日」と日本の「嫌韓」への嫌気
一昔前の世代との違いと共通点
「雪解けムード」で日本社会の空気に変化？
韓流は韓国政府の主導で人為的に作られた？

第3章　「政治の韓国」の中の日韓文化接触

第5章 文化か外交か

目次・図版作成／MOTHER

＊本文中に登場する人物の肩書・年齢、組織名等は、基本的に事象の発生当時、または取材時のものである。原則として韓国人の氏名は漢字表記としたが、漢字が不明の人や日本では漢字以外の表記での活動を主としている芸能人等の場合はカタカナで表記した。

はじめに

大貫智子

ここは東京なのか、ソウルなのか。大写しの韓国人男性俳優が微笑《ほほえ》み、その右横に日本語訳のないハングル表記だけのメッセージが記されている。「종협아 일본 촬영 고생했어」（「ジョンヒョプ、日本での撮影お疲れ様」の意味）。2024年3月下旬、東京メトロ千代田線赤坂駅の構内でこの横長のポスターを目にした時、一瞬戸惑いを覚えた。

ポスターは、2024年1～3月にTBSテレビで放送されたドラマ「Eye Love You」で主役を務めたチェ・ジョンヒョプさんの写真4枚が並べられたものだった。ドラマは、チェ・ジョンヒョプさん演じる韓国人留学生、ユン・テオと二階堂ふみさん扮《ふん》する本宮侑《もとみやゆ》里《り》（主人公の日本人女性）の恋愛をコミカルに描いたものだ。日本では、ユン・テオの細やかな気遣いや韓国料理がふんだんに登場する場面などが人気を博した。こうした日本国内の評判が韓国でも話題となり、知人の韓国人男性たちから「ユン・テオのストレートな愛情表現は現実離れしていて気恥ずかしい」という声を何度も耳にした。

　筆者（大貫）が驚いたのは、ユン・テオの心の中のセリフの一部が韓国語のまま放送され、日本語の字幕が付かなかったことだった。恋人の日本人女性は韓国語を一切解さず、ユン・テオの心情が気になって仕方がない。それは韓国に関心を持つ日本の視聴者も同様だったようだ。ある韓国紙の東京特派員は「毎週、番組放送後にインターネットの検索サイトを見てみると、ユン・テオのセリフの日本語の意味を調べる言葉が並んでいた」と教えてくれた。最終回のエンディングで、日本人俳優やスタッフの名前すべてにハングルが併記されていたのも目を引いた。韓国文化の広がりはここまで深化したのかと実感した。

　日本で韓国文化が爆発的な人気を得るきっかけとなったのは、NHKが2003年にBS（衛星放送）で、2004年に総合テレビ（地上波）で、それぞれ放映したドラマ「冬のソナタ」であり、すでに20年が過ぎた。韓国文化ブームは今に始まったことではない。

　新しい動きとして筆者が注目しているのは、小中学生の頃からK－POPや韓国コスメ、ファッションなどに親しみを持つ若者が増えていることだ。韓国は「おしゃれで素敵な国」と憧れを抱く子どもも少なくない。韓国人から「なぜそんなに人気があるのか、理解し難い」と不思議がられることもある。

「日本の高校生や大学生の間で、韓国コスメやファッションが大人気らしい」という話を最初に聞いたのは、毎日新聞でソウル特派員を務めていた2017年末のことだった。一時帰国した同僚が韓国特集の雑誌を目にしたと言いながら、半信半疑の様子で語っていたことを今もよく覚えている。筆者自身も信じ難かったためだ。

筆者は2013年4月～2018年3月、ソウルに駐在しており、この時期の日本国内の流行には疎かった。しかも5年間の在任中、政治的に日韓関係が良好だったことはほぼなく、韓国に滞在していたことが知られると子どもが日本の学校でいじめに遭うのではないかと心配する保護者もいたほどだった。

間もなく東京に帰任すると、想像以上に韓国文化が日本で浸透していることを肌で感じるようになる。特に若い女性たちに絶大な支持があり、大学で韓国語を学ぶ女子学生が急増していることを知った。現在高校1年の長男の周囲を見渡してみると、小学校卒業を機にスマートフォンを持つようになり、K－POPアイドルの動画に触れて韓国に関心を抱いたという子どもがたくさんいた。それが語学学習へつながっていく構図がうかがえた。

もはや韓流について第何次ブームと冠することがないほど韓国文化は日本の日常生活に根づいた。近所のスーパーでは韓国餅やビビンパの素、コチュジャンなど大概の韓国食材を売っており、家庭の食卓に韓国料理が並ぶ。駅構内の雑貨店でハングル表記の韓国コスメが簡単に手に入る時代だ。子どもの中学卒業の記念にと家族でソウルへ旅行したり、子どもから韓国に行きたいとせがまれたりしている友人は多い。

1975年（昭和50年）生まれの筆者の世代は、幼い頃、外国と言えば米国しか知らなかった人が大半で、筆者もそのひとりだった。今、幼少期から韓国という隣国を身近に感じて育つ日本人が増えていることは、日韓関係に携わる記者として素直に嬉《うれ》しく思う。では、こうした現象は政治的な日韓関係にどのような影響を与えるのだろうか。これが本書の問題意識である。

韓国文化を好む若者たちは日韓関係にどのように向き合っているのか。このような若者たちの存在は、両国の外交関係にもプラスの影響を与えると言えるか。日韓間の最大の懸案である歴史問題の解決にも寄与するのだろうか。この問いに答えを見出《みいだ》したいと、学生たちへのインタビューを重ねていたところ、長年にわたって日韓の文化と政治の関係について研究されてきた小針進・静岡県立大学教授から共著の提案をいただいた。

ソウル駐在中から韓国の20代の対日観に関心があったこともあり、特派員任期を終えた後も、渡韓して取材を続けた。日韓双方から眺めることで、全体像が浮き彫りになるのではないかと考えたためだ。

一連の取材をした2018〜24年の6年間で、日韓関係は劇的に変化した。2019年は徴用工問題を発端に「1965年の国交正常化後で最悪」と言われるほど関係が悪化した。新型コロナウイルス禍によって、政府間だけでなく民間の直接交流が途絶えていた時期も、相互不信は強かった。この頃、取材した日本人学生たちは、文化と政治のはざまで揺れ動いていた。詳細は第2章で、日頃学生と接している小針氏が記している。

第4章で詳述するが、2022年5月に韓国で尹錫悦《ユンソンニョル》氏が大統領に就任すると、次第に関係は改善に向かう。コロナ禍明けも相まって民間交流は再び活発になり、日韓両国の学生が歴史問題解決に取り組む席に参加する機会も得た。悩みながらも真摯に取り組む若者たちには感銘を受けることが少なくなかった。

筆者は2024年3月、毎日新聞から韓国紙・中央日報の東京特派員に転職した。韓国メディアが日本人記者を特派員として採用するのは初めてで、冷ややかな見方もあるのではないかと覚悟していた。ところが、日韓の友人、知人の受け止め方は予想よりはるかに好意的で、時代の変化を改めて感じている。本書を通じて、日韓関係の未来像についてともに考えていただければ幸いである。

第1章　冷たい外交関係の時期と日韓間の大衆文化交流

1　国境を越える大衆文化と韓流（小針）

東アジアにおける大衆文化の波及

「日韓関係」と言えば政治・外交に偏った議論をしがちだが、日本におけるもうひとつの韓国への「眺め」として、韓国ドラマ、K－POPなどの存在がある。いわゆる「韓流」である。

両国間を考える時、韓流をめぐる動きを無視することはできない。「単なる消費行動にすぎない」という冷たいビジネスエリートが口にしそうな発想もあり得るだろう。それでも、決して「一部」とは言えない、日本人の広範な層が韓国の大衆文化にこれほど共感した時代はなかったのではないか。それが日本は安倍晋三政権、韓国が文在寅《ムンジェイン》政権であった時期、つまり両国関係が「戦後最悪」、「国交正常化以降で最悪」と言われた頃と重なっていたことは、特筆すべきことでもある。

「大衆文化を見下すのは間違いだ。大衆文化は、個人主義、消費者の選択など、政治的に重要な影響を及ぼす価値観に関するイメージやメッセージをそうとは意識されない形で伝えることが少なくないからだ」（ジョセフ・S・ナイ『ソフト・パワー――21世紀国際政治を制する見えざる力』）と、米国の高名な政治学者が提唱し始めて久しい。「ソフト・パワー」が一般名詞として使われていく時期と、日本における韓流が定着していく時期が、ちょうど重なる。

『広辞苑』の場合、韓流という語句が、第5版（1998年）にはないが、第6版（2008年）からは、次のように登場している。

ハン‐りゅう【韓流】：リウ
（「ハン」は「韓」の朝鮮語音）二〇〇三年頃に始まった、映画・テレビドラマ・音楽など韓国大衆文化の日本における流行現象。かんりゅう。

韓流はとても新しい言葉であることがわかる。日本の主要新聞のデータベースで「韓流」を検索してみると、この言葉の初出は『日本経済新聞』が2001年5月14日付、『毎日新聞』が2001年12月5日付（夕刊）、『朝日新聞』が2001年12月19日付、『読売新聞』が2003年10月6日付である。

面白いことに、いずれも日本での現象というよりも、中華圏で使われている言葉として紹介されているのだ。『日本経済新聞』は上海《シャンハイ》発の記事で「最近、注目を集めているのが、〝韓流〟といわれる韓国からの影響。日本文化に傾倒する若者を『哈日族』（ハーリーツー）と呼ぶように、韓国好きの『哈韓族』も勢力を拡大中だ」と紹介し、『毎日新聞』は香港《ホンコン》特派員が「日本のトレンディードラマは根強い人気を誇るが、今年は韓国のドラマも大ヒット。海の寒流にひっかけて『韓流』と呼ばれる」と書いている。

両紙の記事から想像できることは、上海であれ、香港であれ、それまでは日本の大衆文化が席巻《せっけん》してきたが、その頃から韓国の大衆文化が台頭してきたということである。

戦後の東アジア域内における国境を越える大衆文化を歴史的に概観すると、輸出国はほぼ日本だけであった（「東アジア」の分類は東南アジア諸国を含めて言う場合もあるが、ここでは日本、中国、韓国、北朝鮮、モンゴル、台湾、香港、マカオを指す）。ブルース・リーやジャッキー・チェン主演の香港映画が70～80年代にかけては日本で大人気となったが、これは例外と言ってよい。日本の漫画やアニメーションは、70年代には東アジア域内で広く伝播《でんぱ》していた。たとえば、「ドラえもん」は70年代から台湾で人気が高く、80年代末までには香港、中国、台湾、韓国、さらにはマレーシア、シンガポール、タイに進出していた（白石さや『グローバル化した日本のマンガとアニメ』）。「キャンディ・キャンディ」、「美少女戦士セーラームーン」、「ドラゴンボール」なども、東アジア域内で大人気となった。

実は、韓国こそが日本の漫画とアニメーションを、最も旺盛に受容していた国である。早くも70～80年代には、「鉄腕アトム」、「黄金バット」、「魔法使いサリー」、「ひみつのアッコちゃん」、「タイガーマスク」、「あしたのジョー」、「マジンガーZ」、「銀河鉄道999」、「未来少年コナン」などが、韓国語吹き替えでテレビのアニメーションとして放映されていた（小針進「韓国における日本大衆文化とその開放措置」、石井健一編著『東アジアの日本大衆文化』）。韓国では日本の大衆文化が長く禁止され、開放されたのは1998年のはずなのだが、「公式の日韓関係の歴史では把握しきれない、『禁止』と『越境』がつねに共存していた数十年間」（金成玟《キムソンミン》『戦後韓国と日本文化――「倭色」禁止から「韓流」まで』）があったのは事実であり、この点は後述する。

そして、日本のテレビドラマも東アジア域内で人気となっていった。NHKが朝の連続ドラマとして1983〜84年に放送した「おしん」は、1984年秋にシンガポールで放映されたのを皮切りに、世界60以上の国・地域に進出した。東アジア域内では、中国、香港、マカオでは80年代に、台湾、モンゴルでは90年代に放送された。1991年2月には東京で国際シンポジウム「世界はおしんをどう見たか」が開催されており、その波及効果の大きさが想像できる。このシンポジウムでは、中国社会科学院の李徳純氏が「あなたたち日本人だけの『おしん』ではない。私たち、中国人、タイ人、インドネシア人、ヨーロッパ人、全世界の『おしん』です。日本のみなさんは独占してはいけません。おしんという人物のイメージ、特にその民族精神、これを私は、全世界の共有する尊い財産だと思います」と発言したほどだった（「NHKアーカイブス」NHKホームページ）。

その中国では、70年代に制作された大映ドラマの「赤いシリーズ」の一作「赤い疑惑」も、「おしん」と同じく80年代にCCTV（中国中央電視台）で放映され、それぞれの主役の山口百恵と田中裕子は中国で大スターとなった。90年代から2000年代には「東京ラブストーリー」や「ロングバケーション」などのトレンディードラマも放映された（金嬴

「中国における日本のポップカルチャー受容と若者のアイデンティティ」、大野俊編『メディア文化と相互イメージ形成［新装版］』）。

日本の多様なテレビ番組が海外で注目される転機となったのは、90年代半ばからの台湾での動きである。台湾は日本と断交した1972年から日本のテレビ番組や歌の放送を禁止してきたが、1993年に解禁した。1996年の時点で、ケーブルテレビの70ほどのチャンネルのうち、日本の番組ばかりを放送するものが5つもあり、トレンディードラマ、「志村けんのだいじょうぶだぁ」などのバラエティ番組、アニメなど、当時、日本で放送された人気番組のほとんどが台湾でも放送されるような状態となった（石井健一・渡辺聡「国境を越える日本のテレビ番組―台湾の事例」、石井編著、前掲）。その結果、日本好きの集団を意味する「哈日族」が多数出現した。

中国での日本ドラマ放映は「文化交流」という側面が強かったが、台湾での現象は日本のテレビ局にとって海外での番組販売がビジネスになることを認識させる契機にもなった。『日本経済新聞』（1999年3月23日付）によれば、フジテレビは日本での著作権問題のため海外での番組販売を中断していた時期があったが、香港、台湾からの熱心な呼びかけで再開し、読売テレビは1997年に制作したドラマ「失楽園」のビデオ化権や放映権を、台湾、中国、韓国で販売し、「売れるものはどんどん出して行こう」という考えになった。

中国、台湾、香港などの中華圏で韓流が台頭するのは、こうした流れの後なのである。

文化・情報の流れを決める3要因と韓流

そもそも文化はなぜ国境を越えて、流れていくのであろうか。アジア諸国の対日感情と日本コンテンツの接触の関係性などを研究テーマとする石井健一氏（文教大学教授）は、論文「文化と情報の国際流通」（石井編著、前掲）で、市場規模、人的資本、文化的類似性という3要因から、文化や情報が流れるメカニズムを説明している。

ある国の「市場規模」が大きければ大きいほど、ひとつのソフトから多くの収入を得ることができる。たとえば、米国は3億人もいる巨大市場だから、また、世界の言語人口の中でも多数派である英語使用者の数も考えると、米国の映画産業には巨額のコストをかけることが可能で、良質なものも生まれる。さらに、「人的資本」も重要だ。技術やノウハウを持った人材がいなければ、いくら市場規模が大きい国でも、良いソフトはできあがらない。500万人強ほどの人口だった80年代の香港で、映画が国際競争力を持ったのは、市場規模だけでは説明がつかず、自由な体制下で優秀な人材が集まっていたからであろう。

さらに、受け手の立場からは「文化的類似性」も見逃せない。「おしん」は世界60以上の国・地域へ進出したとはいえ、ところどころで温度差があり、欧米ではブームというほどではなかったと聞く。中国社会科学院の要人が「おしん」を「尊い財産」と絶賛し、中国全土で主演の田中裕子が大スターとなったのは、日中両国が類似した文化的な背景や価値観（たとえば、家父長制をめぐる問題）を有していたからであり、俳優たちの見た目（同じ黄色人種）も文化的な距離感を縮めていよう。

この3要素は韓流を考える上でも、参考になる。日本で韓流の受容が顕著となったのは、先の『広辞苑』の記載にあったように、2003年頃と言ってよいであろう。「冬のソナタ」がNHK衛星放送（BS）で放映されたのは2003年からである。

中華圏で韓流ブームが訪れるのは、これよりも早い90年代後半からであった。1993年、「嫉妬」という作品が韓国ドラマとしては中国で初めて放映されたが、韓国では超人気作であったにもかかわらず、中国では大きな反響はなかった。ところが、1997年にCCTVで放送された「愛って何なのさ」が、中国で放映されたそれまでの外国ドラマのうち、最高の視聴率を記録したのを契機に、韓流ブームに火が点《つ》いた。１９９８〜９９年にはＫ－ＰＯＰのグループも人気が出ていった（金兌植「韓中文化産業交流とその問題点に関する研究—政治・経済的難題を中心に」、大韓中国学会『中国学』第74号、２０２１年）。台湾での韓流ブームの始まりもほぼ同時期であり、「哈日族」の名づけ親である漫画家・エッセイストの哈日杏子《ハーリーシンズ》氏（当時31歳）は「台湾では今、韓国のドラマやスター、料理などが人気を呼んでおり、『哈韓族』が急増している」と、『毎日新聞』（２００１年6月18日付）で述べている。

　中華圏での韓流は、文化的類似性が大きく作用しているだろう。たとえば、「愛って何なのさ」はいわゆるホームドラマであり、父親の権威や嫁姑《よめしゅうとめ》問題といった儒教文化圏ならではの出来事が色濃く描かれている。また、韓国人俳優の氏名は、中華圏の人たちのそれと似ている。このドラマの主演は「崔民秀《チエミンス》」というが、「山口百恵」や「田中裕子」とは違って、中華圏のどこでもあり得る名前だ。

　さらに、「文化・情報の流れを決める3要因」を当てはめていくと、同じ中華圏でも中国と台湾では状況が異なる。台湾へ韓流が流入していくのは、韓国と比べて市場規模が約半分であるという点で、中国へ韓流が流れるのは、人的資本では韓国が優位になるという点で、それぞれ説明がつく。特に、中国の場合、市場規模が巨大であったとしても、また、潜在的に素晴らしい才能を持った人々がいたとしても、表現の自由に限界があるという点で人材が育ちにくい面もあるだろう。

それでは、なぜ、自由な体制下で、人的資本も豊富で、市場規模が韓国の倍以上もある日本で、韓流が一過性のブームではなく、20年以上にわたって定着しているのだろうか。文化的類似性だけで説明がつくのだろうか。

大衆文化の国境を越えた流通を規定する要因

さきほどからたびたび、文献の引用をしている石井氏は、内外の先行研究を勘案した上で、大衆文化が国境を越える上での規定要因を、経済的要因、文化的要因、製作水準、情報技術、政策的要因の5つに分類している（「東アジアにおけるジャパナイゼーション―ポピュラー文化流通の政策科学をめざして」、川崎嘉元・滝田賢治・園田茂人編著『グローバリゼーションと東アジア』）。

本書では、石井氏の分類を参考にして、①政治的要因、②経済的要因、③技術的要因、④社会的要因、⑤文化的要因と大別したい。ここから、日本における韓流の位置づけを実際に考えてみよう。

①の政治的要因とは、具体的には輸出国の促進政策や輸入国における規制を指す。「政策」と言い換えてもよいだろう。輸出国である韓国で、民間の努力だけでなく、政府も積極的な文化政策を推し進めているからこそ、韓流は海外へ伝播しているのは明らかだ。日本の文化庁の委託で行われたコンサルティング機関の調査によれば、主要国での国家予算に占める文化予算の割合は、2016年度（英国のみ2015年度）の段階で、韓国（1・09％）とフランス（0・89％）が群を抜いており、ドイツ（0・43％）、中国（0・25％）、英国（0・15％）、日本（0・10％）、米国（0・04％）である（『諸外国の文化予算に関する調査　報告書』）。パーセンテージではピンとこないかもしれないので財務省発表の「令和4年度一般会計歳出・歳入の構成」で各予算項目の比率と比較してみた。これによれば、2022年度の歳出のうち、たとえば、0・2％が「中小企業対策費」となっているので、単純比較すると2016年度の文化予算の比率（0・10％）はその半分ということになる。ちなみに、「防衛費」は5・0％、「新型コロナ対策予備費」は4・6％であった（「財政に関する資料」財務省ホームページ）。

数値ではなく、実態面では日韓英の文化政策を比較した『日経産業新聞』（2023年1

月19日付）に掲載された、次の記事を読むとわかりやすい。同紙編集委員の石鍋仁美氏による、「『クールジャパン政策』の末路　ファンド、３００億円超の累積赤字」という見出しが付いたものだ。

「そもそも英国や韓国の場合、政策が支援する主な対象は個別の商品や事業ではない。英国では、英語国という強みを生かし海外からも一流の人材、若い才能を集め、英国発で優れたものを発信した。韓国は映画学校をつくり、米国から指導者を招き人材を育てた。音楽や芸能では米国在住の韓国系の人々とのつながりを生かし、ヒップホップなど米国の新しい音楽の要素を取りいれた。どちらも『今あるものや人だけで世界攻略は難しい』という謙虚さがあった。／日本の場合、『日本にはすでにスゴいものがある。または作れる。ただ、知られていないだけ、やっていないだけ』という意識が垣間見《かいまみ》える。ＣＪの投資先に、日本作品専門の発信チャンネルや、日本のものだけを集めた小売店の運営があった。どちらも失敗し終了、譲渡している。『日本』を掲げるのは企画として説明しやすいが、消費者が集まると考えるのは慢心だ」

ＣＪとは、経済産業省が所管する官民ファンド「海外需要開拓支援機構」、通称クールジャパン（ＣＪ）ファンドのことを指している。

輸出国側の政策だけでなく、受け手側の輸入国の政策も重要である。韓流の輸入国である日本は、海外からの大衆文化の輸入規制を一切していない国である。関税法（第69条）で、「公安又は風俗を害すべき書籍、図画、彫刻物その他の物品」や「児童ポルノ」は輸入禁止となっているが、これは例外的なものである。２００６年10月以降は、北朝鮮による核実験実施を受けた対応として、「北朝鮮からのすべての品目の輸入禁止」の措置が実施されているが、それより前は、北朝鮮の映画も劇場公開されるなどしていた。

中国の場合、韓国政府が２０１６年に迎撃システム「終末高高度防衛（ＴＨＡＡＤ）ミサイル」の在韓米軍への配備を決めた際、韓国ドラマの放映や韓流スターのＣＭ起用が中断される事態が起きた。政府が韓国への報復として韓流の流通を制限する「限韓令」が出されたと話題となった（中国外交部は公式的にはこれを否定している）。日韓間の外交関係がいくら険悪になったとしても、韓流の流入を規制することなどは日本では考えられない。

②の経済的要因とは、輸入国の経済水準、輸出国と輸入国の市場規模の違い、輸入国における国産大衆文化の供給能力などだ。経済水準が総じて高い国ほど、海外のコンテンツ

に接触しやすい。それは、コンテンツそのものだけでなく、接触に必要なツール（パソコンや衛星放送の受信用機材）の購買力も意味する。日本は韓流が浸透できる経済水準を十分に満たしている。

ただし、それ以外の経済的要因に関しては、日本における韓流を説明する上では、しっくりいかない。市場規模は日本のほうが韓国よりも大きいので、先の「文化・情報の流れを決める3要因」によれば、日本から韓国への文化の流れがより容易なはずだ。実は、韓流現象以前は、大衆文化の流れは日本から韓国への一方通行に近いものがあった。大衆文化は、その国の人々の「需要」と、実際に国内産業が提供できる「供給」のバランスが関係しているとされる。前述した日本のテレビ番組が人気になった90年代半ばの台湾の場合、政治の民主化とともに文化の開放が進み、これを享受する経済水準も上昇して、大衆文化への「需要」が増加した。ところが、台湾人の「需要」を満足させるだけの「供給」を国内産業ではできない。その需給バランスを埋める形で外国文化、特に日本文化の流入が増加したと見立てることができる。日本における韓流は、この論理では説明できないであろう。日本人の「需要」を満たせないほど、「供給」が枯渇しているわけではなかろう。

③の技術的要因とは、情報技術の発展度合いとの関係である。輸出国である送り手の技

術水準、輸入国でのインターネット網や衛星放送へのアクセス具合、送り手と受け手の双方のSNSなどが発展していれば、それだけ文化が流れやすい。日本で韓流が流通する上で、いずれも阻むものはない。「愛の不時着」や「イカゲーム」の日本での大ヒットは、米動画配信大手Netflixを通じて、日本のお茶の間で容易に韓国ドラマにアクセスできるという技術的な要因に負うところが大きい。ただし、製作水準は日韓間には差があるとは言えず、これも日本における韓流の流通が促進される要因ではなかろう。

④の社会的要因とは、人的な交流があるほど文化の流入が起きやすいということである。日韓間の人的往来者数は2018年に1000万人を突破した。ハンドキャリーによるモノの流入、伝聞によるアイデアやイメージの伝達などが、人づてに行われてきた。韓流現象以前から、日本においては韓国大衆文化ファンが一定数いた。2022年5月に韓国を代表する女優である姜受延《カンスヨン》氏が亡くなったが、80年代の主演映画「シバジ」などは日本でも劇場公開され、多くのファンがいた。地理的な近接さもあって、近年の日韓間では、韓流スターの往来も、ファンの往来も活発だ。

⑤の文化的要因とは、輸出国と輸入国の文化的類似性、輸出国への憧憬を指す。先に、中韓間の文化的類似性について説明したが、日韓間でも同じことが言えるだろう。氏名こ

そ中韓間のように似ているとは言えないが、見た目や日常生活ぶり、習慣、家族観、学校制度（6・3・3・4制）などは、日韓間では類似している。欧米のドラマを見て別世界と感じる感覚とは異なるものが、韓国ドラマを見る日本人の目にはあるだろう。韓流が人気となる土壌が日本にはあると言ってよいであろう。また、かつては韓国への憧れを持つことは一般的でなかった。ところが、「韓国顔に近づく！」「韓国顔になれる」といったYouTubeのチャンネルがたくさん登場するなど、韓国へ憧憬のようなものを抱く若い女性もいる。これは、日本で韓流がブームになる原因であり、その結果でもある。

韓国で規制されていた日本大衆文化の流入と「日本隠し」

先に触れたように、韓国では日本大衆文化に対する強い規制があった。日本映画の一般上映、日本歌謡曲のレコード・CDの販売、日本語の歌の公演などが、長い間、事実上禁止されてきた。日本の植民地支配を受けた歴史的背景から、「公演法」という法律にある「外国公演物の公演制限」を適用してきた。この条項は、「公序良俗を害する恐れがある時」などに制限できるとし、日本大衆文化が「低質倭色文化」などと称され、これに適用されてきたのだ。「倭色」とは、「日本風」という意味だが、特にサムライ物やエログロ文化への蔑称とも言える。

国交がない国への外交上の措置だったが、１９６５年以降も続いたのは、民族主義の側面からであり、自国の文化産業を保護するという経済面での政策でもあった。

ただし、実態的には日本の大衆文化は大量に入り込んでいた。大衆文化の流通を規定するものとして「社会的要因」を検討したように、人的な交流があるほど文化の流入が起きやすいのだから、日本から韓国へ大衆文化が流入するのは自然なことである。それは、往復する人々の手によって持ち込まれた漫画本、歌（テープ、ＣＤなど）、ビデオテープ、テレビゲームなどであったり、80年代末から始まったＮＨＫ衛星放送（ＢＳ）の「越境」であったりした。そもそも50〜60年代から九州のラジオやテレビの電波は「越境」し、釜山《プサン》では「日本テレビブーム」のような現象があった（金成玟、前掲）。また、「日本隠し」のような形態もあった。たとえば、前述した日本のテレビアニメの数々は、日本製だということをわからないようにして、合法的に放映されていた。

先に示した文化や情報の流れを決める3要因（市場規模、人的資本、文化的類似性）から考えると、日本大衆文化の流入は、韓国における大衆文化の「需要」と国内産業からの「供給」のバランスが関係していると思われる。つまり、韓国において政治の民主化とと

図1　韓国における大衆文化の需給バランスと外国文化の流入余地

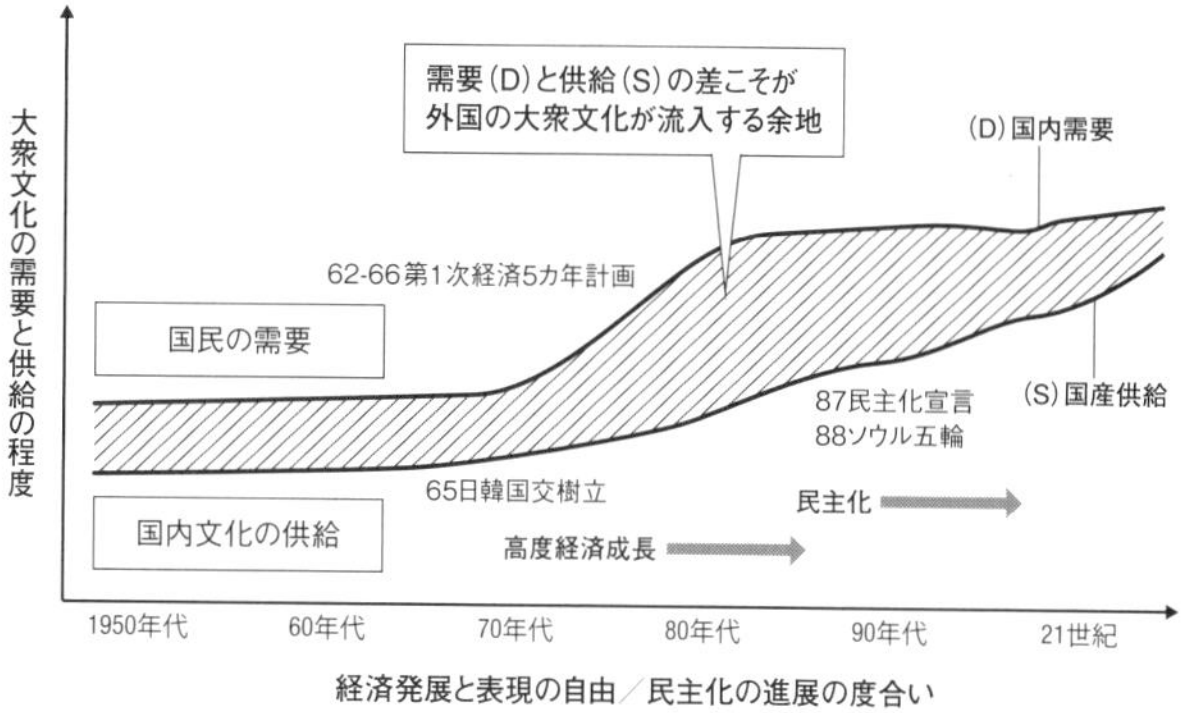

もに文化の開放が進み、これを享受する経済水準も上昇して、大衆文化への「需要」が増加した。ところが、韓国人の「需要」を満足させるだけの「供給」を国内産業ではできない。その需給バランスを埋める形で外国文化、特に日本文化の流入が増加したということだろう。

大衆文化に対する国民の「需要」をD曲線、国内文化で可能な「供給」をS曲線として考えたのが、図1である。50年代から70年代にかけての韓国社会は、民主化されておらず、表現の自由にも制限があり、国内文化だけの「供給」では国民の「需要」を満たせない。同時に、表現の自由の有無とは関係のない分野であっても、経済力や人的資源の不足から無理であり、そのギャップを外国文化、特に朝鮮戦争以降は急速に浸透した米国の大衆文化がこれを埋めた（「奥さまは魔女」や「コンバット」などの米国ドラマが日本で一世を風靡《ふうび》したのも、同様な背景だろう）。朴正熙《パクチョンヒ》政権下では、輸出志向型工業化政策によって70年代には高度経済成長を達成する。表現の自由は依然として制限されるが、経済発展で国内の「供給」はやや増していく。ただ、経済発展は中産層の形成を促し、社会的、文化的、政治的に意識の高い層を生み出し、「需要」はさらに高くなる。米国文化に加えて、日韓国交樹立で人的交流が増え、日本の大衆文化が「原則禁止、実態開放」の中で流入し始める。

金成玟氏の前掲書によれば、「鉄腕アトム」は「宇宙少年アトム」、「科学忍者隊ガッチャマン」は「イーグル五兄弟」、「昆虫物語みなしごハッチ」は「ヘチの冒険」、「ジャングル大帝」は「密林の王子レオ」として日本の原作名とは異なる題名で放映された。「日本隠し」をしてでも放送されていたのは、少年少女の「需要」を満足させるだけのアニメを、当時の韓国では「供給」できなかったのであり、これが図1にある「外国の大衆文化が流入する余地」ということになる。

全斗煥《チョンドゥファン》政権下の80年代も基本的に同様であるが、中産層の大衆文化を享受し得る経済力（たとえば、カラーテレビやオーディオ製品の購買力）や言論の自由を含めた民主化要求はさらに高まった。１９８７年のいわゆる「民主化宣言」を経て、盧泰愚《ノテウ》・金泳三《キムヨンサム》両政権下で民主化が進んだ結果、検閲なども廃止され、政治的、あるいは性的な理由でタブー視されてきた大衆文化の国内での「供給」が徐々に可能となる（たとえば、テレビの政治ドラマ、性表現が激しい映画）。

もちろん、若者の心を強烈につかむような大衆文化は「供給」面で限界があり、たとえばエンターテインメント性や完成度の高い映画、新しいサウンド感覚があるミュージック（Ｊ－ＰＯＰ）、爆発的に人気が出るキャラクター商品は外国文化に依存せざるを得なかった。なかでも、文化的類似性がある日本からの大衆文化は格別な存在であった。

筆者（小針）は、１９９１年から１９９７年にかけてソウルに在住したが、「日本そのもの」はたくさん流入していた。日本の歌や曲しか流さないコーヒーショップやブティックがいくつもあった。露店のようなところでは、日本のミュージックテープやＣＤは公然と売られていた。

インターネット時代を迎えていなかった当時は、海外からの生の動画や映像を見る手段はテレビぐらいしかなかった。衛星放送を含めた多チャンネル化時代を迎えていなかった韓国では、スピルオーバー（本来の放送対象地域外に電波が越境すること）してきたＮＨＫの

写真1

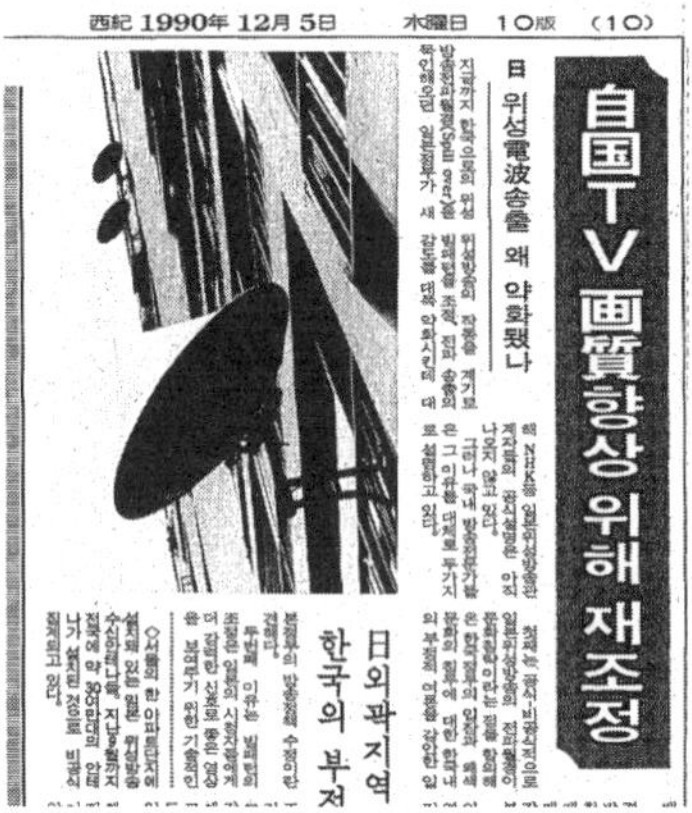
西紀 1990年 12月 5日　水曜日　10版　(10)

自国TV画質향상 위해 재조정

日 위성전파송출 왜 약화됐나

日외곽지역 한국의 부저

NHK衛星放送の「越境」問題を報じた『朝鮮日報』(1990年12月5日付)。技術的な問題で日本側は同放送の電波出力を弱めたが、「韓国社会の根深い反日感情を考慮し、かつ、急速に拡散しているパラボラアンテナ設置をめぐる韓国メディアの否定的な報道にも刺激された」と分析している。また、パラボラアンテナをベランダに設置しているソウル市内のアパートの写真を載せている。

ＢＳ電波をキャッチする人が増えて、その視聴人口は３００万人を超えるといわれていた。受信するためのパラボラアンテナは、高層マンション（韓国では「アパート」と呼ぶ）のベランダなどに設置されるため、どの家庭でＮＨＫ－ＢＳを視聴しているかが一目瞭然であった（写真1を参照）。

90年代からジレンマを感じた韓国の日本大衆文化ファン

日本の小説や漫画を翻訳したものは、禁止されていたわけではなかった。『週刊少年ジャンプ』（集英社）で連載（１９９０～１９９６年）されていた「SLAM DUNK」の韓国語版は、90年代前半に数百万部と爆発的に売れて、この漫画の題材となっているバスケットボールそのものが中高生を中心にブームとなったほどだった。日本の漫画なので目くじらを立てる空気もあったが、「この漫画のどの部分に日本の倭色文化を感じるのだろうか。（中略）日本の漫画は香港、台湾はもちろんヨーロッパでも人気を集めているが、それらの国々は日本の倭色が好きで受け入れていると言うのだろうか」という反論が、当時の新聞（『韓国日報』1994年2月8日付、投書欄）に載っていた。

なお、この漫画が原作であるアニメ映画「THE FIRST SLAM DUNK」（2022年12月に日本で劇場公開）が、韓国で2023年1月に封切りされると記録的な大ヒットで社会現象となった。3月には韓国で公開された歴代日本映画として観客動員数1位の記録を更新した。聯合ニュース（2023年3月5日）によれば、その数は381万8000人強であり、それまで1位だった「君の名は。」（380万2000人強）を抜いた。観客には若年層だけでなく30～40代が多かったのだが、それは90年代に漫画本で触れていたからだ。そして、面白いことに、90年代の訳本が「日本隠し」のためか、主人公の「桜木花道」が「カン・ベクホ」などと、登場人物が韓国人名に置き換えられていたことから、アニメ映画での韓国語字幕や吹き替え版でも、日本のアニメだと認識されていても、これは踏襲された。

「SLAM DUNK」をめぐる現象は、「原則禁止、実態開放」だった日本大衆文化の影響力が、それだけ大きかったということだ。

「SLAM DUNK」韓国語版が爆発的に売れた時期と重なる盧泰愚政権から金泳三政権にかけて、日本大衆文化の開放に関し、高官の発言やマスコミによって問題が提起され、１９９８年10月、金大中《キムデジュン》政権は日本大衆文化の段階的開放措置を発表した。同政権下で３度にわたって開放措置が実施され、次の盧武鉉《ノムヒョン》政権下の２００４年１月では、日本語の音楽ＣＤ、テレビゲームソフトの販売、18歳以上観覧可の映画が解禁されることで、計４度の措置がとられた（地上波テレビでの日本ドラマとバラエティ番組の放映は見送られ、その後も変化がない）。

段階的であれ、開放措置に踏み切ったのは、韓国国内での「供給」が可能になっていったからであろう。実際に、日本大衆文化が開放されれば、韓国の文化産業が食われてしまうのではないかという危惧や警戒論は杞憂《きゆう》に終わった。たとえば、映画の場合、宮崎駿《みやざきはやお》監督作品などの一部を除くと、ヒットする日本映画は少なかった。すでに、記録的な集客と国際的にも高く評価される韓国の作品が続々と「供給」されていた。当時の映画振興委員会の統計によれば、25％台を超えることがなかった国内での韓国映画のシェア（観客動員数）が、１９９９年の段階で40％に肉薄した。まさにこうした時期に日本大衆文化が開放されたのだが、分野によっては韓国国内の「需要」は国内文化の「供給」で満たし得る局面を迎え、映画市場においてはもはや日本映画が流入する余地は狭まっていたのである。

国際映画祭で受賞する作品もすでに登場していた。ベネチア国際映画祭で主演女優賞（１９８７年）も受賞していた前出の姜受延氏は、日本大衆文化の開放措置から半年近く経《た》った頃、「（日本映画の開放について）国内では賛否両論あるが、私自身は歓迎している。これまで見られなかったことのほうがおかしい」、「韓国には個性的で才能ある人材が豊富だし、日本には進んだ技術がある。協力すれば必ずいい映画が撮れるはずです」と、『日経流通新聞』（１９９９年3月6日付）の「銀幕と生きる韓国の華　アジア合作の必要説く」というインタビュー記事の中で述べていた。

韓国国内での自国による大衆文化の「供給」が十分になってきたとはいえ、日本大衆文化の開放措置の影響は小さくはなかった。同措置以前から人気があった安室奈美恵、ＸＪＡＰＡＮ、ＳＭＡＰ、嵐、Mr.ChildrenなどによるＪ－ＰＯＰのＣＤが店頭に並ぶようになった。菅野朋子《かんのともこ》氏の『韓国エンタメはなぜ世界で成功したのか』によれば、２００４年の場合、日本のアーティストのＣＤが、中島美嘉（２万７０００枚）、安室奈美恵（１万

3000枚)、SMAP(1万枚)……と売れた。ただ、その後に続く日本人アーティストはいなかった。

菅野氏は『好きになってはいけない国―韓国J-POP世代が見た日本』という、日本のアイドルなどに熱狂する韓国の若者をルポした本も2000年に著しているが、「当時の出来事を書き起こしてみると、まるで今の韓流文化を楽しむ日本の若者のようだ」と、前出の著書で書く。確かにそうだ。K-POPアイドル、韓国コスメ、韓国フードに関心を寄せる中高生の様子が日本では日常の光景となっているが、30年前の韓国から日本への「眺め」には、そうした側面があったのだ。

「韓国文化好きが増えれば日韓関係は改善するのか」が、筆者ら(小針、大貫)の大きなテーマだが、すでに30年前に「日本文化好きが増えれば韓日関係は改善するのか」という問題提起が韓国で存在していた。K-POPファンなどの日本の若者が、自分たちが好きな国との政治・外交関係が、「戦後最悪」などと言われてきた状況に悩んでいることを後述するが、同じようなジレンマはその時々の韓国の若い世代も感じてきたことかもしれない。

東野圭吾、奥田英朗《ひでお》、江國香織……韓国で吸引力がある日本小説

実は30年前の90年代どころか70年代から、「日本に原型があるもの」は韓国に深く浸透していた。たとえば、韓国のテレビ番組の多くはその原型が日本にあることを、多くの韓国人が薄々感づいていた。1993年10月に韓国の放送研究機関が出した報告書「放送番組の模倣現況に関する考察」によれば、当時の3つの地上波局が放送中の12のクイズ番組を調査対象にしたところ、そのうち8つほどが日本のものを模倣したものだった。テーマの設定や回答の方法、回答者の人数、スタジオのセット、点数の出し方などがそっくりだったという。

『京郷新聞』(1993年1月28日付)には、放映中の番組「熱戦!走る日曜日」をめぐって、KBS第2テレビが日本のTBSから知的所有権を侵害されたと抗議されたという記事が社会面トップで載っている。「テレビ番組　外国モノのパクリが甚だしい」という大見出しだ。TBSの主張は「痛快なりゆき番組　風雲!たけし城」(1986年放送開始)の模倣だというもので、筆者(小針)もソウルでニヤリとしながら「熱戦!走る日曜日」を見たのをよく記憶している。翌日付の『朝鮮日報』は、「国内のテレビ放送が外国のテレビ番組を模倣しているのは周知の事実だ。1年に2度ある番組の改編期に合わせて、日

本をはじめとする外国のテレビ番組を見て、これを模倣したり、構成のアイデアを得たりするのが長い習慣だ」と、社説で公然と指摘した。「熱戦！走る日曜日」の一件に限らず、「日本の大衆文化はすでに我々の生活に深く浸透している。誰もがこの事実を知りながら、あえて顔を背けてきただけだ」（『中央日報』1994年2月25日付、社説）と、当時から指摘されていた。なお、「風雲！たけし城」は2023年に76歳になったビートたけし氏らが出演した令和版が、Amazon Prime Video のオリジナル番組として全世界に配信されている。

大衆文化の中で、劇映画、音楽といった分野は韓国の独自性が飛躍的に花開いていったが、アニメ映画は先の「THE FIRST SLAM DUNK」だけでなく、「千と千尋の神隠し」（2002年）、「ハウルの動く城」（2004年）、「崖の上のポニョ」（2008年）、「君の名は。」（2017年）、「劇場版『鬼滅《きめつ》の刃《やいば》』無限列車編」（2021年）、「ONE PIECE FILM RED」（2022年）、「すずめの戸締まり」（2023年）といった作品が韓国で記録的な興行成績を挙げた（カッコ内は韓国での封切り年）。

また、一般には大衆文化に分類しないが、日本の小説はよく読まれている。表1は、2018年から2022年までの5年間で、韓国の代表的な書店「教保文庫」の全国20あま

表1　「外国小説」部門年間販売上位30位のうち日本小説がランク入りした件数とその作品

2018年（17）	①薬丸岳『誓約』、②東野圭吾『ナミヤ雑貨店の奇蹟』、③東野圭吾『恋のゴンドラ』、④小林泰三『アリス殺し』、⑥東野圭吾『仮面山荘殺人事件』、⑩村上春樹『ノルウェイの森』、⑪夏川草介『本を守ろうとする猫の話』、⑫太宰治『人間失格』、⑬東野圭吾『素敵な日本人』、⑭東野圭吾『容疑者Ｘの献身』、⑮住野よる『君の膵臓をたべたい』、⑯村上春樹『螢・納屋を焼く・その他の短編』、⑳東野圭吾『殺人の門』、㉔東野圭吾『11文字の殺人』、㉗村上春樹『騎士団長殺し 第1部 顕れるイデア編』、㉙東野圭吾『マスカレード・ナイト』、㉚住野よる『また、同じ夢を見ていた』
2019年（14）	②薬丸岳『誓約』、⑤東野圭吾『ナミヤ雑貨店の奇蹟』、⑥東野圭吾『人魚の眠る家』、⑧東野圭吾『魔力の胎動』、⑩村上春樹『ノルウェイの森』、⑪東野圭吾『仮面山荘殺人事件』、⑫東野圭吾『ラプラスの魔女』、⑬太宰治『人間失格』、⑯東野圭吾『手紙』、⑳藤まる『時給三〇〇円の死神』、㉒東野圭吾『祈りの幕が下りる時』、㉔東野圭吾『容疑者Ｘの献身』、㉖池井戸潤『半沢直樹 1』、㉚小林泰三『アリス殺し』
2020年（7）	②東野圭吾『クスノキの番人』、⑦東野圭吾『ナミヤ雑貨店の奇蹟』、⑧薬丸岳『誓約』、⑩横関大『ルパンの娘』、⑳太宰治『人間失格』、㉕東野圭吾『仮面山荘殺人事件』、㉘村上春樹『ノルウェイの森』
2021年（11）	②一条岬『今夜、世界からこの恋が消えても』、③太宰治『人間失格』、⑤東野圭吾『ナミヤ雑貨店の奇蹟』、⑥東野圭吾『白鳥とコウモリ』、⑦法月綸太郎『頼子のために』、⑪村上春樹『一人称単数』、⑫東野圭吾『ブラック・ショーマンと名もなき町の殺人』、⑲薬丸岳『誓約』、㉑東野圭吾『ウインクで乾杯』、㉔村上春樹『ノルウェイの森』、㉘松家仁之『火山のふもとで』
2022年（11）	①村瀬健『西由比ヶ浜駅の神様』、④太宰治『人間失格』、⑤一条岬『今夜、世界からこの恋が消えても』、⑧星火燎原『死にたがりな少女の自殺を邪魔して、遊びにつれていく話。』、⑩連城三紀彦『白光』、⑫東野圭吾『ナミヤ雑貨店の奇蹟』、⑬東野圭吾『虚像の道化師』、⑯一条岬『今夜、世界からこの涙が消えても』、⑳村上春樹『ノルウェイの森』、㉑法月綸太郎『頼子のために』、㉒加藤元『カスタード』

出所：教保文庫のデータベースより作成
（注）カッコは件数、丸数字は順位

りの店舗とオンラインでの年間販売数で、「外国小説」部門の上位30位のうち、日本の小説がランク入りした件数とその作品をまとめたものである。半数前後を占有する年がある。作家は、世界的に人気の村上春樹はもちろんだが、東野圭吾の作品が目立つ。奥田英朗、薬丸岳《がく》、法月綸太郎《のりづきりんたろう》なども複数年でランク入りしている。作品で見ると『ナミヤ雑貨店の奇蹟』（東野圭吾）、『誓約』（薬丸岳）、『ノルウェイの森』（村上春樹）は、ロングセラーと言ってよい。

日本の小説は、「外国小説」部門に限らず、「小説」という大きなジャンルにおいても存在感がある。表1で最多の17件がランク入りしている2018年を、より大きく全「小説」部門で調べると、上位30位のうち12作品（②『誓約』、③『ナミヤ雑貨店の奇蹟』、④『恋のゴンドラ』、⑤『アリス殺し』、⑦『仮面山荘殺人事件』、⑭『ノルウェイの森』、⑮『本を守ろうとする猫の話』、⑯『人間失格』、⑱『素敵な日本人』、⑳『容疑者Xの献身』、㉔『君の膵臓《すいぞう》をたべたい』、㉖『螢・納屋を焼く・その他の短編』）が日本の小説であった（丸数字は全「小説」部門での順位）。

同年の1位は日本でもベストセラーになった『82年生まれ、キム・ジヨン』（趙南柱《チョナムジュ》）だったが、シェアで見た場合、同年に販売されたすべての小説のうち、日本小説は31・0

％に達して、韓国小説（29・９％）を初めて上回り話題となった。この数値を報道した『東亜日報』（２０１８年12月19日付）は、「２０１１年に韓国小説（38・２％）が日本小説（19・３％）を大きく上回ったのと比べると、桑田碧海《そうでんへきかい》である」と評した。「桑田碧海」とは、日本では聞き慣れない言葉だが、「くわばたけが、いつのまにか変わって青々とした海となる。時勢の移り変わりがはげしいたとえ」（『新選漢和辞典』小学館）という意味で、日本の辞典にも出ている。余談だが、現代韓国の言葉はハングルでの表記で一色になってはいるが、実は、現代日本で使われている言葉よりも、難解な四字熟語などの漢語が多くちりばめられている。

こうした統計を反映するように、韓国の大型書店へ行くと、「日本小説」と書かれたコーナーがそれなりに広いスペースを占めている。平積みされた作品に若い女性らが手を伸ばしている光景をよく目にする。なぜ人気なのか。表１に挙がった作品を見ると、意外な展開を見せるミステリー物であったり、感情の機微をリアルに描いた恋愛物が多いように思う。「日本の小説には吸引力がある」との指摘を耳にしたことがある。韓国の小説は難解なものが多いということかもしれない。

２０１６年に『思いわずらうことなく愉しく生きよ』が上位にランキングされている江

写真2　ソウルの書店にある江國香織の著作コーナーの一部

國香織の数々の作品は、韓国で大変な人気がある。書店の一角には、必ずと言ってよいほど、江國香織の作品コーナーがある（写真2）。『流しのしたの骨』、『冷静と情熱のあいだRosso』などは、それぞれ韓国語版を発売した年のベストセラーになっている。エッセイ集も人気があり、韓国で『泣く大人』が『泣かない子供』より1万部ほど多く売れた際、江國氏は韓国紙のインタビューに「おそらく『泣く』と『大人』という言葉の組み合わせのためのようだ」、「こういう時、日本の読者より韓国の読者がむしろ言葉に敏感ではないだろうかと思う」と述べている（『中央日報』日本語電子版、2014年2月13日付）。

2014年10月に、江國氏がソウルで韓国の有名作家と対談する催しがあり、筆者もその場に居合わせたことがある。江國作品の熱心な読者と思われる30代ぐらいの女性たちが、江國氏の発言を耳にして、感激のあまり涙を流している場面さえ目撃した。

2　コロナ禍で見た韓流ブームと日本での特異な現象（小針）

「推し」という言葉とBTSに「沼る」その影響

先に、日本のアニメなどを例に、戦後の東アジア域内における国境を越える大衆文化について言及したが、近年の特徴として、東アジアの「域外」へも国境を越える現象が韓国発で見られる。ドラマ「イカゲーム」などの世界的なヒットもそうだが、認知度やファン個人への深い影響力という点で言えば、ＢＴＳをめぐる現象に勝るものはないであろう。

ＢＴＳとは、男性７人組の音楽グループである。グループ名は、別称である「防弾少年団」という漢字語の韓国音の Bangtan Sonyeondan に由来する。

２０２３年４月に国賓として訪米した尹錫悦大統領が、連邦議会の上下両院合同会議で演説した際、「私の名前は知らなくても、ＢＴＳや BLACKPINK はご存じでしょう」「ホワイトハウス訪問はＢＴＳに先を越されたが、キャピトルヒル（連邦議会）訪問は私が先んじた」と述べて、会場を沸かせた。国際政治の場で名前が出てもおかしくないほど、東アジアの域外でも高い知名度がある。

「組織的な広報力を駆使しても難しかった東アジア以外の地域への進出が、いとも簡単に実現されてしまった」と、著書『BTS　路上で—BTSはどのようにK-POPを超えて世界の人を動かしたのか?』(アクロス、2020年)で指摘するのは、ソウル大学言論情報学科の洪錫敬《ホンソクキヨン》教授だ。この本は、『BTS　オン・ザ・ロード』として邦訳も出版されている。洪錫敬氏は同書で、BTS現象の研究を行うには、SNSやYouTubeを活用したポップカルチャーの形成や広がりを理解することが先決だという。そして、BTSとそのファンをめぐる特徴を要約して、次のように指摘している。
▼BTSのメンバーは個人情報や共同生活をSNSで公開してきた。▼インターネットの高速化で、ファンは自発的にネット空間に彼らの動画をアップロードし、コンサート会場などで撮った動画が流出しても、事務所は損にはならないので厳しく規制しない。▼「推し」によってSNS上で結ばれたBTSのファンはARMYと呼ばれて、積極的なファン文化を誇る。▼ファンでなかった人たちも、YouTubeを楽しむうちにBTSの映像を目にして、その人たちも「沼落ち」する。▼そもそも、韓国のアイドルシステムが手本としたのは日本のそれであった。日本のアイドルはその一部が東アジアでは人気を集めた

一方で、ＢＴＳは世界的に目立つ存在となった。

そして、同書の邦訳をした翻訳家の桑畑優香氏は、「世界がＢＴＳに〝沼る〟理由」として、①ダンスのうまさ、②音楽性、③知的好奇心を刺激するミュージックビデオや歌詞の内容、④メンバー7人の仲の良さ、⑤発信力――と、５つを挙げている（『毎日新聞』２０２２年4月11日付、夕刊）。

洪錫敬氏と桑畑氏の主張は、いずれも納得できる見解である。特に、ＳＮＳ時代の発信力を背景にした場合、アーティストの側が知的好奇心を帯びた音楽や私生活を惜しみなく発信していれば、受け手は検索アルゴリズムでそのアーティストに関する情報を吸収していく。歌やダンスなどのメッセージ性の質が高ければ、それに「沼る」ことになり、「推し」になっていくだろう。

ところで、「沼る」や「推し」という日本語は、ＢＴＳの日本での人気と比例するように使われるようになった印象がある。立証できるものではないので、あくまでも印象だ。韓国で２０１３年にデビューしたＢＴＳが、日本で海外男性アーティストとして初めてシングル作品でミリオンセラーを達成したのは２０１９年だ。日本向けベストアルバム『BTS,THE BEST』が、韓国の男性グループとして累積出荷１００万枚を初めて突破したのが、2021年である。

「沼る」はネットから発生した若者の言葉だと言われている。2023年1月27日号の『週刊朝日』には若者言葉を特集する記事があり、日本語学者の金田一秀穂氏は印象に残る若者言葉として「沼る」を挙げ、「大人たちが作り出す言葉に比べて、親しみが持てて好きですね。『沼る』はハマるという意味ですが、私は『沼になんかいたくないよ』と思いますけど、若者の感覚ではこれがいいんですね」と述べている。

一方、「推し」はネット用語かどうかは不明だが、『毎日新聞』のデータベースで調べたところ、2011年の「ユーキャン新語・流行語大賞」で最終ノミネートされた60の言葉のひとつとして、「推しメン」が同紙2011年11月22日付（夕刊）に登場する。アイドルグループ「AKB48」の人気投票で「自分が推すメンバー」の意味として使われている。ところが、自分がファンになっているタレントなどの人物やグループそのものを指す名詞としての「推し」はなかなか登場しない。この意味合いによる同紙の初出は、次の2020年10月3日付と、だいぶ後になってのことである。

「『推し、燃ゆ』という題名、および冒頭の『推しが燃えた。』の一文を見てもぴんとこない読者（かつての私のように）がいるかもしれないので、少し説明する。この説明が本書の本質に触れることにもなると思う。『燃ゆ』はネット用語の『炎上』。SNSなどの投稿に非難が集中すること。『推し』のニュアンスは説明が難しい。好きなアイドル、俳優などのことで（後略）」

これは宇佐見りん著『推し、燃ゆ』（河出書房新社）を取り上げた翻訳家の鴻巣友季子《こうのすゆきこ》氏による書評だ。この作品は、のちに芥川賞（2020年度下半期）を受賞している。同書評からは、お気に入りのタレントなどを指す「推し」の意味が、この時点では定着していないことがわかる。「推し」の意味をわざわざ説明しているのだ。このような状況から類推すると、韓流、とりわけBTSの人気が、日本社会で「推し」という言葉の意味合いを広げるのに一定程度の影響を与えたのではないか。

失敗と過ちを認めるBTSへの評価

『「推し」の文化論―BTSから世界とつながる』の著者である鳥羽和久氏によれば、「推し活」は①世界とつながっている、②自分を愛していたわる、という2つのメンタルに良い効用を、ファン（ARMY）たちへもたらすという。「優しい世界と痛みを伴う世界の両面を発信し続けるのがBTSの魅力」と、鳥羽氏は指摘する。

BTSは何を発信しているのか。『ニューズウィーク日本版』は2022年4月12日号で「BTSが愛される理由」という、興味深い特集を行った。世界各地の人々による「ARMYが語る7人の魅力」が載っている。たとえば、次のような証言だ。

「BTSのすごいところは、ジャンルをミックスした音楽にあると思う。メロディーが凝っているし、『自分を愛そう』という歌詞はとてもパワフルで、上っ面だけで歌っているのではないことがよく分かる」（オーストラリア、27歳男性）、「コロナ禍で孤立感を覚えていて、仕事もやる気を失っていたけれど、ハッピーな曲調に魅了された」（フィリピン、42歳性別不明）、「彼らがすごいのは、弱さを見せるのを恐れないこと。そして懸命に努力し、失敗を恐れず、万が一失敗してもそれをきちんと受け入れる」（米ノースカロライナ州、46歳性別不明）。

失敗を受け入れることへの評価は、日本の識者も指摘している。元TBSアナウンサーで、エッセイストの小島慶子氏は、自他ともに認めるBTSに「沼落ち」したひとりだ。

BTSが発表した楽曲の中で「女は最高のギフト」「食事を目で食うのか、女の子みたいに」などとする歌詞があり、2015〜16年に女性差別だと批判を受けたことをめぐって、小島氏は『朝日新聞』（2022年11月24日付、夕刊）のインタビューで次のように語っている。「BTSは、『女性蔑視の表現だった』と認めて、公式に謝罪しました。その後、ジェンダー問題について専門家の意見を交えながら、本気で学んだのです。韓国は日本同様、まだ家父長制的な価値観が根強い。BTSは成長する中で知らず知らずのうちに身につけた偏見に気づき、認め、学習して、変化を行動で示しました」。そして、「男性が欲しいのは『尊敬』だと思うんです。自分の無知や過ちを認める方が、実は尊敬されます。BTSが体現した『男らしさ』のパラダイムシフト（考え方の大転換）は、日本の男性にとっても希望になるはずです」とも述べている。

BTSの失敗、無知、過ちと言えば、2018年11月、原爆投下によるキノコ雲の写真があしらわれたTシャツをメンバーのジミン氏が前年に着用していたことが騒ぎとなった出来事がある。予定されていた音楽番組「ミュージックステーション」（テレビ朝日）への出演（11月9日）が見送られたり、直後にBTSが行ったコンサート会場の東京ドーム前では、「BTSは韓国に帰るべきだ」と訴える人も現れたりした。

元徴用工訴訟で日本企業に対して賠償を命ずる韓国大法院（最高裁）による判決（10月

30日）の直後でもあっただけに、年末の「NHK紅白歌合戦」への出場予想が取り沙汰される時期も相まって、「反日グループを出演させるな」といった批判がネット上で拡散した。普段は韓国に対してあまり目くじら（？）を立てない『朝日新聞』の紙上ですら、「BTSのメンバーは原爆の本当の凶悪性、無差別に大量の人を殺すこと、後遺症に苦しむ人がおり、その子孫までが苦しんでいることを知らないのだろう」（兵庫県、54歳主婦）との投書が「声」欄（12月9日付）に載り、「天声人語」（11月15日付）が「愛国、解放、韓国を意味する英語も一緒に書かれており、読みようによっては原爆投下を正当化するようにも解釈できる」、「『悪気はないのだから』との声もあるかもしれない。しかし、ここは目くじらを立てたい。どんな表現や言葉が神経を逆なでするのかは、国により人により異なる。『傷ついた』と発信するところから始まる相互理解があるはずだ」と主張した。被爆国の国民として当然の反応だ。

ただ、BTSサイドは率直な対応をした。11月13日、「最近、BTSに提起された問題に対するBig Hit Entertainment の立場」という長文の謝罪コメントを発表した。その一部を引用すると、「Big Hit は、原爆のイメージの入った衣装の着用に関連し、上記に明らかにしたように一切の意図はなく、衣装自体が原爆被害者の方を傷つける目的で製作されたものではないことが確認されたにも関わらず、当社が事前に十分な監修ができず、当社のアーティストが着用するに至ったことにより、原爆被害者の方を意図せずとも傷つけ得ることになった点はもちろん、原爆のイメージを連想させる当社アーティストの姿によって不快な思いを感じ得た点について心よりお詫《わ》び申し上げます」とした上で、「今後も、この度問題提起された事案だけでなく、さまざまな社会、歴史、文化的な背景に対する理解を基盤に、Big Hitおよび所属アーティストが活動する上で、細部にわたって気を配り、私共によって心に傷を負う方がいないように、さらに注意を払います」と約束した。さらに、「Big Hitは、日本と韓国の原爆被害者協会の関係者に接触し、現在、提起されている問題に対する説明および傷つき得た方にはお詫びをしております」とも明らかにした（「BTS JAPAN OFFICIAL FANCLUB」ホームページ）。

謝罪コメントの内容は通り一遍の「火消し型」ではなく、具体的なもので、問題発生から数日後であることから、関係者への直接謝罪などのプロセスを経た上での対応であることがわかる。日本原水爆被害者団体協議会も、BTS所属事務所の代表者が訪れたことを明らかにした。木戸季市《すえいち》事務局長は「こうした表現を巡る問題では、対決や分断を煽《あお》るのではなく、対話を通じてお互いの理解を深める方が望ましい。核兵器とはどういうものなのか、何が問題なのかといった点を巡り、話し合いをしていきたい。BTS側にもそう説明し、一致した」と述べ、BTSサイドの謝罪を受け入れたという（『BuzzFeed Japan』2018年11月14日）。

しかし、ジミン氏本人の声ではなく、所属事務所の声明であったので、ネット上を中心に根強い批判があり、その後も「BTS＝反日」という図式を払拭しきれていない。事務所の声明では、同じ頃に発覚した、メンバーのRM氏がナチスのマーク入りの帽子を2014年にかぶっていたことにも言及し、謝罪をしている。そのためか、その後は歴史認識や一国の内政問題に触れるような「事件」をBTSは起こしていない。小島氏が言うように、「気づき、認め、学習して、変化を行動で示し」ているからかもしれない。

人間の安全保障で積極的に発言するBTS

ところで、小島氏はウェブマガジン（『mi-mollet』、講談社）に「小島慶子のBTS研究所」を2022年3月より連載開始した。その第1回は「私の推しは『BTSのある世界』。アイドルに全く興味のなかった小島慶子が〝沼落ち〟した理由」（2022年3月28日）だった。その理由は、2021年9月の国連総会でのスピーチだったそうだ。「メッセージにパーソナルな実感が込められていることが窺《うかが》え」て、「む、胸熱……」と書く。

このスピーチは有名だ。BTSは、総会議場に登壇して、コロナ禍で入学式や卒業式などが中止となる中でも、オンラインで友情を育む若者のことを紹介し、希望を失わずに環境問題へ取り組むことなどの大切さを訴えた。登壇後は、国連で撮影された「Permission to Dance」のパフォーマンス映像も披露している。

BTSの国連での演説は2021年で3回目だった。2018年9月は、議場で「失敗やミスは僕自身であり、人生という星座を形作る最も輝く星たちなのです。僕は今の自分も過去の自分も将来なりたい自分もすべて愛せるようになりました」と若者へ語りかけるように演説し、「あなたが誰なのか、どこから来たのか、肌の色やジェンダー意識は関係ありません」とも述べた（日本語訳は、日本ユニセフ協会ホームページより）。2020年9月にはビデオメッセージの形式で、コロナ禍による絶望から抜け出して「再び新しい世の中を生きていこう」と呼びかけた。また、米国でアジア系の人々へのヘイトクライムが頻発した2021年3月には、自分たちの差別体験を踏まえて、「人種差別に反対します。暴力を強く非難します」とする声明を発表した。

BTSは原爆Tシャツ事件やナチス帽子事件を経て、いわば「人間の安全保障」に関わる発言を積極的に行っているように見える。人間の安全保障とは、感染症、環境破壊、貧困、自然災害、暴力、ヘイトクライムといった問題への国境を越えた取り組みであり、いずれもBTSが国連の場などで訴えたことだ。

有名な米音楽誌『ローリングストーン』は、2021年6月号の表紙とロングインタビューにBTSを起用した。1967年の創刊以来、アジア人グループが表紙になるのは初めてであった。前述した人種差別への反対表明とも連動する動きだったようだ。このことを取り上げた『日経産業新聞』の看板コラム「眼光紙背」（2021年7月8日付）は、BTS現象の背景のひとつとして、米国などで盛り上がる「反・差別」のトレンドに注目し、「コア層以外にファンが増えた土壌も反・差別にある」とした上で、「ロックやヒップホップなど、歴史を変える音楽は社会への異議申し立てと表裏一体。BTSもこの法則に合致する。社会問題と距離を置く日本の芸能人とは対照的だ」と論評している。

日本の芸能人では見られない行動だけに、社会的な発言をするBTSに対して、日本社会では「気持ち悪い」などとするネット上の書き込みも少なくない。外交関係と絡めた対韓感情も反映しているのだろう。

余談になるが、俳優の小泉今日子氏は、2020年5月、政府の判断で検察幹部の定年延長を可能にする法案が問題になった際、「#検察庁法改正案に抗議します」というハッシュタグを使ってSNSで発信した。3年後にそれを振り返って、「『芸能人のくせに』とか『アイドルのくせに』とか、ツイッターでたくさん来ました。事務所に電話がかかってきたり、メールや手紙が来たりも。『芸能人が政治的発言をして』みたいな批判をよくされるんですけど、政治的な発言かな?って思うんですよね。国民的な発言なのではないか、と」と、『朝日新聞』電子版(2023年5月4日付)のインタビューで述べていた。

SNS社会ゆえに、芸能人であれ、誰であれ、自分が正しいと思ったことを発信しやすい一方で、瞬時にケチも付けられやすいということか。「叩《たた》かれるのが怖い」という環境が生まれているわけで、芸能人が社会的な発言をする環境は、むしろ悪化していると言ってよい。ただし、小泉氏は「でも、(中傷を)色々言われるのも仕事のうちだって思うんで、傷つくって感覚ではないですね」とも発言し、一歩も引くつもりがない「主体性」ある姿勢を鮮明にしている。

BTSも社会の動きに積極的に対応する「主体性」を持っている。この「主体性」こそが、彼らを「推し」だと公言する多くの人々が存在する吸引力になっているのだろう。

「渡韓ごっこ」をする女子高生

「ホカンス族（호캉스족）」という造語を韓国メディアなどで見るようになって久しい。

「夏休みの旅行中、渋滞した道路で35度を上回る猛暑と格闘するよりは、ソウル市内の一流ホテルでバカンスを楽しもうとする〝ホカンス（Hotel+Vacance）〟族が増加しているという」（韓国紙『アジア経済』２０１２年８月６日付）といった文脈で登場する。この記事から想像できるように、ホテルでバカンスを楽しむ人を指す。ホテルで食事やプールを満喫しながら滞在・宿泊して、バカンスを過ごすスタイルを意味して、「ホカンス」とだけ使われることもある。

「ホカンス」は日本でも使われるようになった。ＳＮＳ上だけではない。旅行業界のホームページなどでも、散見される。たとえば、日本航空が運営するウェブマガジン（『On Trip JAL』）でも「休日は『ホカンス』でプチ贅沢《ぜいたく》気分。楽しみ方や東京都内のおすすめホテルもご紹介」（２０２３年３月２日）といった見出しの記事がある。ここには、「ＳＮＳやメディアなどで近年よく耳にするようになった『ホカンス』。そもそもホカンスとは『ホテル』と『バカンス』が組み合わさった造語で、韓国の若者の間で生まれたといわれています。コロナ禍で遠出がしづらい状況の中でも、近場のホテルで非日常な体験ができることから日本でも新しい休日の過ごし方として注目され始めました」と、語源まで説明されている。

日韓間の外交関係が最悪である時期に、韓国から日本への外来語ともいうべき楽しい(?)造語が存在すること自体が興味深いが、「渡韓ごっこ」という言葉も生まれた。筆者が知る限り、コロナ禍のSNS上で広まっていたこの言葉を、大手メディアで最初に使ったのは『日本経済新聞』(2021年7月17日付、夕刊)の次の記事である。

「Z世代の間では『渡韓ごっこ』も流行している。友人同士のお泊まり会の設定を『韓国旅行中の夜』として再現し、様子を記録した写真をSNSに上げるという遊びだ。/長引くコロナ禍で海外旅行に行けない日々が続くなか、Z世代はあの手この手で韓国旅行気分を味わおうと創意工夫をしている。各地にじわりと広がりつつある韓国式の写真シール作製機や写真館で渡韓気分を味わいつつ楽しんでみるのもよいのではないだろうか」

この記事からわかるように、「渡韓ごっこ」とはホテルなどに友人と泊まりながら、コンビニで買い込んだ韓国スナックやドリンク、韓国料理を食べたり飲んだりして、韓国旅行気分を楽しむことを指すのだ。韓流文化に馴染《なじ》んでいても、コロナ禍で韓国へ行けないからこそ発生した。韓国アイドルのライブ衣装、学校の制服、チマ・チョゴリなどに着替えて、コスプレを楽しむ場合もある。その写真をＳＮＳに投稿して、インスタ映えを楽しむこともする。

つまり、ホカンスの一種なのだ。東京、川崎、名古屋、京都、大阪、福岡などの大都市のホテルを検索すると、「渡韓ごっこプラン」、「ＳＮＳ映えアイテムでオシャレステイ！渡韓ごっこやホカンスに♪」、「渡韓ごっこ×ホカンスプラン」、「【韓国っぽ女子会】旅行気分♪渡韓ごっこプラン」といった企画商品が、コロナ禍が一段落した２０２３年５月のゴールデンウイーク時点でも売られていた（なお、「トカンス」は「渡韓ごっこ」と「ホカンス」を組み合わせた造語である）。ホテルによって、室内に韓国風インテリアが施されたり、韓国のスナック、カップ麺、ドリンク（焼酎またはジュース）、コスメ、バルーン、近隣の韓国料理店リストなどが提供されたり、韓国制服、ヘアアイロン、焼酎用ミニグラス、空気入れ（バルーン用）も貸し出されたりするサービスがある。

なお、企画商品の名前で使われている「韓国っぽ」という言葉もＳＮＳ上でよく見かける。「韓国っぽくて可愛《かわい》い」という意味で、若者がインスタグラムなどで使っている。スイーツを出すおしゃれなカフェなどで、「韓国っぽフェア」も催されている。

本当に「渡韓ごっこ」をしている若者などが、身近にいるのだろうかと疑問に思ったことがある。筆者は、静岡県立大学と慶應義塾大学のそれぞれの講義（2022年度）時間中に、この言葉を紹介しながら、「本当にこんな遊びをしている人はいるのかね。周りで渡韓ごっこをしている人がいれば教えてほしい」と呼びかけてみた。すると、講義終了後に、慶應の複数の学生（すべて女性）から反応があった。

「私自身、今年4月に新宿のホテルに友人と宿泊し、チマ・チョゴリの着付け体験と新大久保散策を楽しんできました。クァベギ（韓国風ドーナツ）、チキン、キムチチャーハン、トゥンカロンなど韓国発といわれる料理・お菓子を食べて丸一日過ごしました」とは、ある学生のメールである。カッコで説明がある「クァベギ」だけでなく、「トゥンカロン」も筆者は知らなかったので、ネットで検索してみると「マカロンが進化した韓国生まれのスイーツ」といった記述が多数ヒットした。「太ったマカロン」という語感だ。韓国学の研究者よりも、韓国文化と接触している大学生のほうが、現代韓国のヒト・モノに詳しい一例である。「韓国っぽ」に敏感な若い女性は多い。

韓流ファンの元祖・中高年女性と社会への「主体性」

「『推しのため』韓国語磨く　受検最多、中国語も抜く　K－POP・韓ドラ　好きが原動力」という見出しが付いた記事を掲載した『日本経済新聞』（2023年10月21日付、夕刊）によれば、日本での語学検定試験では2021年から韓国語受検者の数が中国語のそれを抜いた。2023年4月に実施された韓国語能力試験TOPIKの国内受検者約1万3000人のうち、9割が女性で、年代別では20代が全体の53％を占めたという。

つまり、学習者の主流は若い女性である。同紙には、文部科学省を取材した結果、全国の大学で実施される外国語教育を、語学別に2008年度と2020年度で比較して学校数の増減を示した図が出ていた（図2）。2020年度時点で韓国語教育を実施する大学は466校で、2008年度より37校増えた。第2外国語で韓国語（大学によっては、朝鮮語、コリア語という名称で開講）の選択者が多いという話を、多くの大学関係者からよく耳にする。筆者が勤務する大学でも、近年、韓国語を履修登録する学生がほかの言語よりも多い。そのほとんどが「私は高校時代から韓国ドラマやK－POPが好きで……」と選択希望書にその理由を書くのだ。

図2　全国大学での外国語教育の語学別増減数
（2008年度と2020年度の比較、単位:校数）

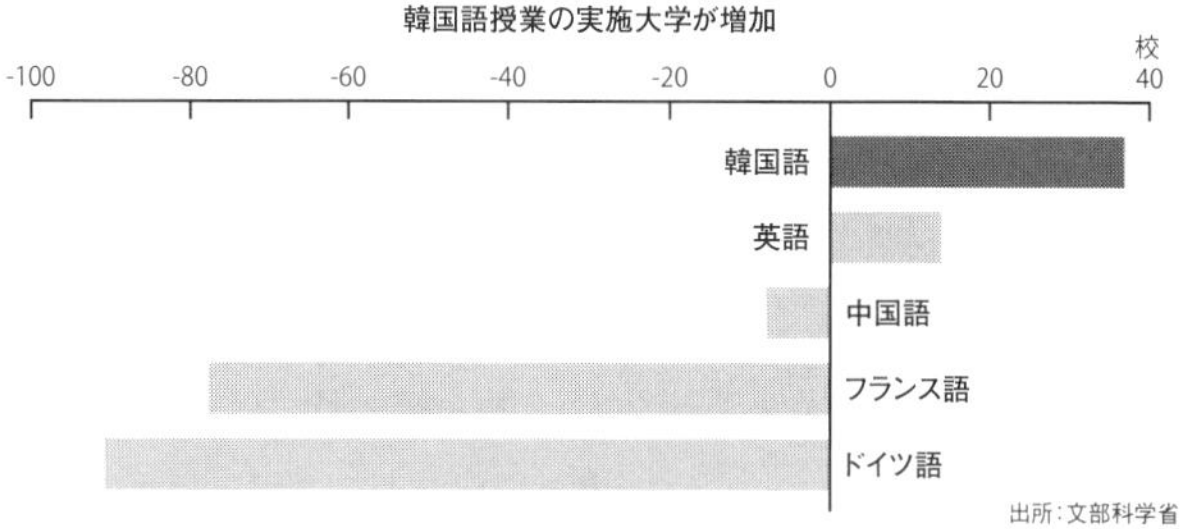

出所：『日本経済新聞』2023年10月21日付（夕刊）より転載

少し前までは、韓国語学習者の主流は中高年の女性だった。２００５年11月、経済産業省が特定のサービス産業の活動状況や事業経営の現状を調査した報告書『平成17年特定サービス産業実態調査（確報）』を見ると、「Ⅱ．外国語会話教室の概況」という項目に、「韓国・中国語の開設率、高年層の受講比率が増加」という小見出しがある。

外国語教室を運営する全国の１１４４社（会社経営と個人経営は企業数でほぼ半々程度）を対象に行われた同調査結果のうち、取扱講座を外国語言語別割合で示したものが表2だ。直近で実施された２００２年の調査結果（１２００社）と比較すると、欧米の各言語が減少する中で、韓国語は中国語とともに増加し、開講率がドイツ語とスペイン語を抜いた。同報告書も本文で「韓流ブームを反映して『韓国語』を開講する企業

表2　企業の取扱外国語講座割合

取扱外国語講座割合	企業数	取扱講座割合（%）							
		英語	フランス語	ドイツ語	スペイン語	中国語	韓国語	イタリア語	その他
2002年	1,200	92.9	18.3	10.8	13.5	18.6	10.6	9.3	12.5
2005年	1,144	91.1	16.4	9.5	12.5	21.1	14.4	8.0	9.2
前回差	▲56	▲1.8	▲1.9	▲1.3	▲1.0	2.5	3.8	▲1.3	▲3.3

注：複数回答による

表3　男女別、年代別受講生の人数と構成比

2002年						
年代別	合計（人）	構成比（%）	男（人）	構成比（%）	女（人）	構成比（%）
合計	1,011,216	100.0	399,878	39.5	611,338	60.5
20歳未満	404,656	40.0	169,321	42.3	235,335	38.5
20代	265,421	26.2	98,220	24.6	167,201	27.4
30代	173,677	17.2	67,889	17.0	105,788	17.3
40代	83,130	8.2	32,872	8.2	50,258	8.2
50代	50,658	5.0	18,482	4.6	32,176	5.3
60歳以上	33,674	3.3	13,094	3.3	20,580	3.4

2005年									
年代別	合計（人）	構成比（%）	前回比（%）	男（人）	構成比（%）	前回比（%）	女（人）	構成比（%）	前回比（%）
合計	1,096,952	100.0	8.5	429,026	39.1	7.3	667,926	60.9	9.3
20歳未満	404,887	36.9	0.1	168,705	39.3	▲0.4	236,182	35.4	0.4
20代	284,721	26.0	7.3	105,146	24.5	7.1	179,575	26.9	7.4
30代	202,719	18.5	16.7	77,833	18.1	14.6	124,886	18.7	18.1
40代	99,727	9.1	20.0	39,020	9.1	18.7	60,707	9.1	20.8
50代	60,873	5.5	20.2	21,725	5.1	17.5	39,148	5.9	21.7
60歳以上	44,025	4.0	30.7	16,597	3.9	26.8	27,428	4.1	33.3

出所：（表2、表3とも）『平成17年特定サービス産業実態調査（確報）』経済産業省、2006年

の比率が14・4％と前回に比べて3・8％ポイントの増加と一番高い伸びとなった」と、特筆している。日本における韓国語の位置づけにおいて、2002年から2005年にかけての時期がひとつの転機だった可能性がある。

表3は男女別・年代別で示した受講生の人数と構成比である。ここで注目したいのは、30代、40代、50代、60歳以上の女性の増加率が高いことだ。どの年代でも男性より高く、同性の20代と20歳未満と比較しても大幅だ。

報告書には、選択した年代別の講座名（外国語）が明らかになっていないので、断言はできないが、最も高い伸び率となった韓国語を中高年女性が受講していたとも類推できる。

2002〜05年に日本と韓国の間で何があったかと言えば、2002年のワールドカップ・サッカー大会（W杯）日韓共催であり、2003年4月からのNHK－BSでの「冬のソナタ」放映（2004年4月からはNHK総合テレビでも放映）である。この韓国ドラマ放映は、社会現象ともいえる「冬ソナ」ブームと主演ペ・ヨンジュンの「ヨン様」人気を巻き起こした。たとえば、「ヨン様」が羽田《はねだ》空港の到着ロビーの扉から登場するや、待ち構えていた女性ファンに向けて手を振るシーンはメディアで何度も取り上げられた。

その時のファンダム（大衆的なスターに対する熱狂的なファン、またはその行動やそれが作り出す文化のこと）の中心は、中高年の女性であった。ここが、近年のＫ－ＰＯＰのファンダムの中心や「韓国っぽ」への憧れをＳＮＳで発信する中心が女子中高生である点と、大きく異なるのである。

２００５～１０年頃の中高年女性であれば、近年の大学生など若者の母親世代でもある。筆者が教える大学生たちのレポートには、小さい頃から母親と一緒に韓国ドラマやＫ－ＰＯＰに親しんできたという話がよく出てくる。たとえば、「私は中学１年生の時に韓国に興味を持った。そのきっかけは母が車の中で流していた音楽だった」、「私が韓国を初めて認識したのは小学校の頃である。母が韓流ドラマにはまり、一緒に見ていた」といった記述だ。ただし、「ニュースは違った。慰安婦問題や旭日旗をめぐる対立など悪い話ばかりが取り上げられる」といった記述も併せて書かれている。これらは２０２２年初めに読んだレポートなのだが、文化を楽しむ一方で、「戦後最悪の日韓関係」も気になっている学生が多かった（その「葛藤」に関しては次章で深掘りしたい）。

ところで、「冬ソナ」ブーム直後の日本女性の韓流ファンダムに関する研究成果をまとめた書に、２００８年に刊行された『韓流の社会学―ファンダム、家族、異文化交流』（イ・ヒャンジン著、清水由希子訳）がある。３００人以上の韓流ファンへのアンケート、１

00人近くに及ぶインタビュー、文化社会学を背景にした韓国生まれの著者の博識から、日本における韓流現象を多角的に分析している。韓国ドラマファンの多くが、自分の好きなドラマの主題歌や映像に囲まれて暮らすことで「幸せ」を維持しようとする実例の提示などから、「日本人中年女性の韓流ファンダムは、日常的な段階に入ったのだ。教会や寺に通うかのような、宗教的体験といえる」とも評している。

十数年後の日本の状況を予見するような記述もある。「韓流は、進化している。新たな局面に入っている、と言いかえてもよい。筆者は、『韓流は終わった』という見解には同意しない。なぜなら、歴史的に育まれてきた日韓の文化的な近似性が、ここ数年、これまでになく可視化しているからだ」とも断言しており、果たして、その後、「戦後最悪の日韓関係」の時期と重なった中高生の韓流ブームやBTS現象など、数え方によっては「第4次」などといわれる韓流ブームが訪れている。

同書には「中年女性の政治意識は全般的に低いという偏見によって、韓流ファンダムが小泉首相（当時）の支持勢力に似た政治的傾向をもつと分析されたこともあった」とする指摘がある。「ふたつの集団間の排他的な近似性を経験的に立証する必要がある」として、「インタビューの場でも、しばしば論題として出してみたが、ファンを一般化できる法則は見出せなかった」と主張している。

筆者もその当時、グループインタビューなどを通じて、韓国ドラマ好きの中高年女性たちの意識を探ったことがある。確かに、そのような立証や法則の発見はできなかった。それでも、兵役の義務をはたし、愛国的な発言をする韓流スターの「主体性」ある姿勢や「男らしさ」を評価して、「日本の男はだらしない」、「日本のタレントも国や社会を考える姿勢を持つべきだ」といった主旨の発言を聞いた。当時、地元の自民党衆院議員を熱心に支持するある自民党員の50代女性は、もちろん、小泉純一郎首相の靖国神社参拝に批判的ではなかったが、熱心な「ヨン様」ファンであり、韓国ドラマも多く視聴していた。

京都大学の小倉紀蔵《おぐらきぞう》氏も「講演会などで聴衆に質問すると、『小泉首相は中国・韓国に遠慮せずに靖国神社に参拝すべきだ』という韓流ファンが想像以上に多かった」（小倉紀蔵「歴史認識」、小倉紀蔵・小針進編『韓流ハンドブック』）と証言する。

つまり、韓流ファンの一定程度は、「中年女性の政治意識は全般的に低い」のではなく、社会の動きに「主体性」を見せる韓流スターを主体的に評価できる高い社会意識の持ち主だからこそ、小泉首相の靖国参拝にも持論があるという印象を持った。

その後の安倍政権下では同様のインタビュー調査を行ったことはない。しかし、韓流ファンの女性たちとの雑談では、安倍首相の宥和《ゆうわ》的でなかった対韓姿勢に苦言を呈する声も聞いた一方で、「安倍さんはよくやっている」と安倍氏の「主体性」を評価する声のほうが多かったように思う。韓流ファンだからといって、外交面で韓国へ厳しい姿勢をとる政権を嫌悪するわけでもないのである。

ほかのK－POPアイドルのそれよりも年齢層が広いと思われるBTSのファンダムからも、BTSが社会の動きに対して「主体性」ある姿勢を示しているからこその「推し活」であることが感じられる。ただし、それは「主体性」であって、「政治性」があるものではない。だからこそ、「最悪の日韓関係」のもとでも日本でBTS現象が起きるのではないか。

第2章　若者の「違和感」と日韓関係

1　文化と政治をめぐる日本の大学生の葛藤（小針）

韓国は「令和の流行の発信地」、日本は「紙」のイメージ

「私の知る韓国は、高層ビルの立ち並ぶ現代的な街並みをはじめとするイメージだったので、ここまで成長するためには、他国の力も借りた相当な努力があったことがわかりました。朴正熙大統領については、日本と深い関係があったことを知らなかったし、暗殺されてしまったということは、本当にドラマを見ているかのような結末でした」

筆者（小針）は講義の学期末のレポートなどで、「本授業を受けたことで、研究対象（韓国や日韓関係）への理解がどのように変化したか」を聞くことがある。これは、ある学生

が2023年8月に提出したレポートの一部だ。朴正熙政権下での日韓国交樹立、経済成長、大統領の最期に関する講義が印象深かったようだが、筆者が興味深く感じたのは、この学生にとっての元来の韓国イメージが「高層ビルの立ち並ぶ現代的な街並み」だったということだ。

80年代に筆者が大学生だった時、韓国旅行で撮ったソウルの街並みの写真を、アルバイト先の学習塾で同僚に見せたところ、「えっ、韓国にもビルがあるんだ。バラック小屋が乱立するような、もっと遅れている国だと思った」という反応に出会ったことを記憶している。学生のレポートを読みながら、40年前の大学生と真逆の反応だという思いが頭をよぎった。

2022年10月から始まる学期では、静岡県立大学と慶應義塾大学で、それぞれの講義第1回に「あなたにとっての韓国への『眺め』を、単語または簡単な文で表現してください」と質問し、すべての学生に回答してもらった。それを傾向別に分けて書き出したものが、表4である。

大雑把な分類で、Ⓐは近くて似ているが、遠い国というイメージ、Ⓑはドラマや K-POPなど大衆文化における存在感を感じているもの、Ⓒはおしゃれや嗜好《しこう》と関係する事象、

表4　日本人大学生の韓国への「眺め」
（Ⓘは、韓国人留学生の日本への「眺め」）

Ⓐ	近くて遠い国／近い面と遠い面がある／近くてこじれる国／近いけど知らない国／隣国だが仲が悪い国／日本と似ている国／日本と通じるところが多い
Ⓑ	文化が発展している／文化的交流は盛ん／大衆文化流入／大衆文化が充実／韓ドラや K-POP ／令和の流行の発信地／ドラマの中の世界／若者文化の発信地／文化最高、政治微妙／日本の若者の憧れ／若者の流行の源泉／日本の流行の取入れ先／新文化の創造／若者に人気／若者文化の最先端／K-POPによる世界進出／文化大国
Ⓒ	韓国語の音可愛い／おしゃれ、クール／美容大国、韓国料理
Ⓓ	日韓関係の改善／互いに気を使っている／仲良くなるべき隣国／兄弟／発展／反日から親日へ
Ⓔ	いつしか追い越された／互いの先行への焦り／ IT 先進国／冷めた温度感の俯瞰
Ⓕ	歴史の認識の違い／ソフトパワーと歴史／慰安婦問題／たまに「反日」の国／文化交流と政治は別物／歴史への執着／慰安婦、徴用工、元植民地
Ⓖ	大統領の不祥事／国際法違反の韓国／地理的に不利な国／政界の汚職／政治面で気難しそう
Ⓗ	色んな顔を持つ国／選り好み／遠くから傍観すること／上下関係が厳しい／国民が政治に関心ある／学歴社会のイメージ／喜怒哀楽／キャッシュレス化／民主化運動
Ⓘ	最高の旅行地／個人と社会の矛盾／距離は近く、心は遠い／親切／善意のライバル／相互の文化を眺め合う／観光、元祖文化大国／格式社会／紙／韓日関係の回復を願う

Ⓓは友好関係であるべきという思い、Ⓔは先進性に通じる視点、Ⓕは過去の歴史と少しでも関連する事象、Ⓖは政治からの視点、Ⓗは韓国社会の諸断面、ということになる。

最も多くを占めるのは、Ⓑである。韓国関係の授業をあえて履修する学生の回答なので、大学生全体としての一般化ができないことは大前提であるが、若者にとっての韓流のプレゼンスが想像できる。特に、「令和の流行の発信地」という表現は面白い。「日本の若者の憧れ」や「日本の流行の取入れ先」という表現と相まって、日本の若者の韓国観において、文化が大きな位置を占めることを象徴する表現だ。

Ⓒで「おしゃれ、クール」と書いた学生は、別の欄に「中学生のころから韓国ドラマや韓国料理にはまり、それをきっかけとして韓国に興味が出てきた」と書き込んでいた。同じⒸにある「韓国語の音可愛い」も、かつての日本社会では主流とは言えなかった反応だ。「可愛い」とは、お気に入りのアイドルが歌うK－POPの響きであったり、ドラマで韓流スターが話すセリフから感じたりするのであろう。

筆者が韓国語を学び始めた80年代には、周辺には韓国語の響きが「怖い」という人もいた。もちろん、そうした人たちは韓国語をまったく知らないが、当時、テレビなどで耳にする韓国語と言えば、軍事政権下の為政者やそれに抵抗する学生らの激しい口調ばかりであったはずだ。

近年、大学に入学して第2外国語として韓国語を選択した学生の中には、「私は中学1年生のころから韓国カルチャーが好きだ。韓国語も今年で勉強7年目に入る」、「私は高校3年間で韓国語を学習し、韓国の文化に触れたり韓国の学生と交流したりする機会があった」といった書き込みも少なくない。ドラマやK－POPで接した韓国語を理解したい、真似《まね》たい、「可愛い」ので、勉強し始めたということであろう。

他方、Ⓕやⓖに挙がっている言葉のように、政治面で韓国の内政や日韓関係を厳しく見つめる学生も、決して少なくない。別の欄には、「歴史的・文化的に深いつながりがあり、地理的にも近接しているにもかかわらず、良好な関係を築くことができていない現状に疑問を抱く」、「歴史問題や領土問題に関して、韓国政府の見解をよく理解できないことが多々ある」と書き込まれている。さらには、「私はK－POPも、韓国ドラマも、韓国の俳優さんたちも、韓国の文房具も大好きだ。しかし、韓国ドラマ（特に時代物）での日本や日本人の描かれ方、反日という理由で日本ツアーに参加しないK－POPグループのメンバーなど、違和感を覚える部分も多い」と、韓国文化ファンとしての「違和感」を吐露するものもあった。

なお、韓国人留学生には「日本」への「眺め」を書いてもらった。これが①である。韓国人の日本旅行熱を見ると「最高の旅行地」とは合点がいくし、第1章で韓国への日本大衆文化の流入の経緯を書いたように、「元祖文化大国」という対日観が韓国で根強くあることを示している。「紙」という一文字があるが、これは何か。書いた本人に聞いてみると、日本にやって来てから、空港での入国審査、区役所での諸手続き、不動産屋での契約、銀行での口座開設、大学での届け出提出など、紙の書類への記入や押印の繰り返しで驚いたことから思ったという。ペーパーレスでの手続きが主流である韓国から来れば、そう感じるのは納得できる。

余談だが、日本で国民が中央省庁などに情報の開示を求める「情報公開請求」の際、ペーパーレス（オンライン）で申請手続きできるのは、主要15府省庁のうち、厚生労働省と国土交通省の2つだけだったという調査報道の記事が、『東京新聞』（2023年6月28日付）に出ていた。少なくとも同調査時点では、両省を除くと、国民の「知る権利」は「紙」を通じてしか行使できないのだ。マイナンバーカードの普及など、デジタル化推進の司令塔であるデジタル庁も「紙」申請のみしか対応していないとは、まさにブラックユーモアである。「日本」と言えば、「紙」という「眺め」は的確なのかもしれない。

政治と文化を切り離せない葛藤

日本の若者の韓国観において、文化が大きな位置を占めるものの、文化だけで韓国を眺めているわけではない。先に韓国文化ファンとしての「違和感」と書いたが、ある学生は「日本国内のニュース等で目にする『韓国』と、実際に見聞きする『韓国』の間に大きなギャップを感じる。人同士の次元では好意的な交流が行きかうにもかかわらず、国同士のレベルになるとそれがかなわない」と、2022年10月の段階で書いていた。「だからこそ、日韓関係に関心を持つ」と、この学生は続ける。

第1章でも、文化を楽しむ一方で「戦後最悪の日韓関係」も気になっている静岡県立大学と慶應義塾大学の学生について触れた。中学生や高校生とは異なり、国際関係学部、法学部、経済学部といった外交関係とは不可分の学問分野を扱う学部で学ぶ学生だからだろうか、彼ら／彼女らは単に無邪気なだけで、韓国カルチャーを楽しんでいるわけではない。「違和感」どころか「葛藤」や「悩み」のレベルで、それに触れているようにさえ思える。

特に、「戦後最悪の日韓関係」という表現をメディアが多用していた時期、多くの学生からそんな「違和感」、「葛藤」、「悩み」を感じた。尹錫悦政権が2022年5月に登場し、尹錫悦大統領の訪日（2023年3月）、岸田文雄首相の訪韓（同年5月）などで外交関係が改善するにつれて（第4章で詳述）、学生からの反応は異なってきたが、それ以前の時期である。

そんな時期であった2021年度後期（2021年10月〜2022年3月）、両大学の学生から講義期間中に聞いた思いを、いくつか取り上げてみたい。

Aさん（女性）は、次のようなことを語った。高校生の時に海外で過ごした経験があり、そこで出会った韓国人の友人からK－POPを教えてもらった。帰国後もK－POPアーティストの動画を熱心に視聴する日々であったが、母の視線は冷たかった。政治面での韓国の対日姿勢への不信感があるからだ。ところが、2020年夏、BTSの「Dynamite」が大ヒットすると、その母がBTSの魅力に気づいて、彼らに興味を持ち、K－POPを聞くようになっただけでなく、新大久保に行ったり、韓国ドラマを熱心に視聴したりするようになった。「自分の好きなものを家族に理解してもらえて、非常に嬉しい」と感じたそうだ。

しかし、Aさん本人もお母さんも共通しているのは、政治と文化をあえて切り離して韓国を見るようになったことである。直視しなければならないと思うが、どうしてもできないので悩ましい。「大衆文化は非常に魅力的だが、政治においてはややこしい国」というのが、Aさんの韓国への「眺め」であると、その「葛藤」ぶりを綴《つづ》っていた。

Aさんのように、社会科学に関心を持つ若者ほど、文化を「文化」として楽しみつつも、両国間の正常ではない政治・外交関係を放置してよいのか、割り切ってもよいのかという「悩み」を語る傾向があった。

「政治の韓国」＝朴槿恵《パククネ》と「文化の韓国」＝BTSの著しい差

そもそも、「政治の韓国」と「文化の韓国」とでは、その見える「顔」がまったく異なるという葛藤がある。

Bさん（女性）は、幼い頃から韓国に関して、良いニュースをテレビなどで見た記憶がなく、「少し怖い国」、「よくわからない国」という思いを持ち続けてきた。日本との間で領土や歴史の問題で揉《も》めているイメージが強かったからだ。

高校生や大学生になってインスタグラムを使うようになると、若い世代で話題となる韓国が、ニュースで見てきた韓国とはまったく異なることに気づく。SNS上の韓国は洗練されており、この韓国への新しい「眺め」は、韓国のファッション、アイドル、ドラマなどへの注目につながり、生活の中で韓国を意識するようになったという。

それでも、魅力的な「文化の韓国」とニュースの中の「政治の韓国」には、開きがありすぎて、「よくわからない国」というイメージはむしろ強まったそうだ。

ところで、ここで紹介する大学生たちは、２００２年前後に生まれている。次に紹介するCさん（女性）は、「私が生まれた２００２年は、日韓共催ワールドカップが開催されて日韓関係が大きく動いた年だという話を母から何度か聞いた」とリアクションペーパーに書いていた。

小学生時代、日本の音楽番組やバラエティに出演する韓国の芸能人を見る一方で、ミサイル発射を繰り返す北朝鮮のニュースによく接し、授業では拉致被害者の横田めぐみさんのことを知り、「こんなにむごい事件が現実に起こり、いまだ解決されていない」と衝撃を受けた。「それまで私の中で別々の存在だった北朝鮮と韓国の両方を、朝鮮半島というひとつのくくりにまとめて、距離を置こうとする姿勢が生まれた」という。

ところが、高校2年生頃から、韓国に対する距離感に変化が生まれた。韓国のアイドルのミュージックビデオやコンサート映像を見るようになったからだ。むしろ、芸能、ファッション、美容などの分野において、韓国を「進歩的な国としてかなり極端な高評価をしていた時期もあった」そうだ。それでも、「文化の韓国」を趣味として消費していくうちに、また気持ちが変わっていく。「日韓の政治的な関係や立ち位置、価値観の違いについてモヤモヤを抱えることが多くなっていった」と言うのだ。この「悩み」はAさんと同様である。

その上でCさんは「自分の父親が韓国の政治や文化、そこに住む人間のことさえも毛嫌いしていることも、モヤモヤの一因としてあるかもしれない」という心情を明かしてくれた。母親が娘の影響を受けてBTSのファンになったAさんのようなケースがある一方、自分の親（特に父親）や親戚（祖父など）が「嫌韓」なので、それが韓国カルチャーを楽しむ上での「葛藤」になったという話も、多くの学生からよく聞く。

「自分なりに韓国に対する見方や姿勢を確立したい」ために、筆者の講義を履修しているともCさんは言っていた。韓国のことを専門として学ぶゼミには属していないが、第2外国語として選択した韓国語を勉強し続けている。

次のDさん（女性）も、「文化の韓国」と「政治の韓国」がもたらす著しい印象の違いを大学入学前からずっと感じてきた。「文化の韓国」を身近に感じ始めた中学2年生の頃、クラスメイトにBTSやTWICEの「推し」ができ、給食の時間に校内放送で流れる音楽もK－POPが増え、韓国系のものが増えていったのは非常に印象的だった。その頃から、身近な人たちとの会話やYouTubeなどからも韓国カルチャーの浸透を実感していった。「韓国文化がどれだけの日本人を魅了し、愛されていたか。何が世間をそこまでさせているのか」が、ずっと気になっていた。

ただ、振り返ると小学生の頃は「政治」のほうが、韓国への「眺め」の中心であった。当時、朴槿恵氏が大統領だったが、その後、逮捕された。「国のトップに立っていた人間が捕まるとは日本では考え難い。彼女だけではない。歴代の大統領には殺された人（朴槿恵氏の父・朴正煕）もいると、テレビ番組は盛んに報道していた」と。そのため、韓国という国の安全性が信用できないとあった。

ところが、前述したように中学生になったら、「手のひら返しのように韓国文化に染まっていく世間」を見て、日本社会が「まるで別々の国」へ反応しているようだと戸惑った。10代前半を通じて、朴槿恵氏とBTSから受ける印象の著しい差、さらには「世間」が見せた韓国への反応の差に対して、生真面目な若者ほど「葛藤」を覚えたのは理解できる。

韓国の「反日」と日本の「嫌韓」への嫌気

これまでは、「政治の韓国」と「文化の韓国」をめぐって、大学入学前から引きずってきた学生個々の「葛藤」などを中心にして見てきたが、K－POPのアーティストや韓国ドラマのスターらの言動が政治化していく局面での「葛藤」を示した学生も少なくない。

Eさん（女性）は、ドラマなどの演出を見るにつけ、韓国のエンターテインメントから、「日本が見習うべき点も多くあるので興味深い」と言う。たとえば、女性を描く際、日本では「か弱く清楚《せいそ》に演出されがち」だが、韓国では「意見を持った強い姿で描かれていることが多い」からだ。ただし、「韓国の芸能人の些細《ささい》な言動が、『反日的だ』、『親日的だ』といって騒動になる事例を、何度も目の当たりにしてきた」との当惑も語っていた。

言動が問題視される震源地は、日本ではなく、主に、韓国である。Eさんは具体例を挙げていなかったが、たとえば、次のようなことだろう。ある男性俳優は、自分の曽祖父が日本の植民地支配に協力した「親日派」だったとネット上に書かれたので、所属事務所がこれを打ち消す対応をしたところ、かえって炎上してしまった。日本で元号が令和になる変わり目に、人気グループTWICEの日本人メンバーがインスタグラムに「平成お疲れさまでした!!!」と書き込んだら、韓国社会での「元号」への無理解からか、「韓国から出ていけ」という反応が相次ぎ、さらに、その日本人メンバーを擁護する韓国の有名人も登場し、騒ぎとなった。人気女優がインスタグラムに自分のファッションについて日本語で投稿したら、「日本に帰化しろ」といった悪質なコメントが書き込まれ、その女優が「同じ韓国人として、あなたの暴言が恥ずかしい」と反撃した。

こうした騒動を、Eさんは「韓国人の方が日本人よりも政治や歴史に関心があり、個々が強く意見を持ち発信している」からとも分析していた。そして、「だからといって韓国人が何を言っても受け入れるというわけではないが、その国民性の違いが日本人の嫌韓意識を必要以上に加速させているのではないか」と憂える。つまり、韓国社会での騒動が、日本社会での「嫌韓」を助長するという見立てだ。

実際に、先の人気女優のインスタグラムをめぐる一件は、日本のネットメディアでも瞬時に詳報されて、その記事のコメント欄は、韓国での騒動を嘲笑《あざわら》うもの、正面から批判するもの、完全に小馬鹿にするものなど、韓国の「反日」を批判するコメントで溢《あふ》れている。「政治においても、文化交流においても、互いを理解し合い、ネガティブな『眺め』を是正しようと努めることが必要だろう」と、Eさんはしっかりとした見方を示した。

韓国の有名芸能人の言動が、日本社会で最も物議を醸したのは、原爆投下によるキノコ雲の写真があしらわれたTシャツをメンバーの1人が着たBTSの過ちだ。第1章で詳述した通り、問題化したのは2018年11月だった。次に紹介するFさん（女性）は、当時、騒動の最中にあったBTS初の東京ドーム公演へ行くことになっていた。テレビをつければ、朝も昼も連日、この報道をしていたので、「政治と文化をここまで結びつける必要はあるのか」と、当初は疑問に感じていたそうだ。

ところが、日が経つにつれて、SNS上では「#BTSの東京ドーム公演中止を求めます」といったハッシュタグが連日トレンド入りしていった。そして、実際に東京ドーム前で、「嫌韓」のスピーチをする男性たちと、これに抗議する人々との「激突」を目の当たりにして、「これが日韓関係の現実だ」と気づいたという。

「日本で韓国について批判する人を見かけるたびに、疑問は大きくなった。本当に韓国や韓国人がすべて悪いのか。そもそも、日本人はしっかりと歴史教育を受けたのか。どちらの疑問にもはっきりした答えが出せなかった」とFさんは思うようになって、その後、これが大学で韓国研究のゼミで学んでいく契機となったそうだ。

次のGさん（女性）は、「日韓関係の現実」を認識するのが早かった。韓国の文化に興味を持つようになった中学生の頃から、日本と韓国の政治的な関係が良好ではないことを痛感してきたと言う。特に「日韓の政治的問題は日韓の文化交流に介入してくる。日韓関係が悪化した時、K‐POPアイドルの来日が困難になったり、自分の好きな『推し』が『反日』かもしれないと不安になったりと、日韓の政治的問題によって、心置きなくアイドルを応援することができない人」をたくさん見てきたと言う。

本人も「『韓国の文化が好きだ』『K‐POPが好きだ』と言っただけで、一部の大人からとても嫌な顔をされたりするたびに、とても悲しい気持ちになった」そうだ。Gさんの主張は明確で、次のような思いも述べていた。「日本には韓国という国を好きな人が多くおり、このような政治、そして文化のふたつの観点から見た矛盾に苦しみながらも関係の改善を望み続ける人は少なくない。自分の好きなものが否定され、悲しい思いをすることがこれから先なくなっていくよう祈っている」と。

韓国にも、こうした矛盾に苦しんできた人が多い。日韓間には、相手国の文化を楽しむ人が多くいる。これが、日米間であれ、日中間であれ、日印間であれ、日仏間であれ、時の政治・外交関係によって、人々がのびのびと相手国の文化に接触できないのはおかしいので、Gさんの思いはもっともである。韓国カルチャーを楽しむ若者が、「推し」は反日かもしれないと不安になったり、一部の大人から嫌な顔をされたりするのはおかしい。

一昔前の世代との違いと共通点

Hさん（女性）も、「韓国の文化が好きだということに対して、周りの人に嫌な顔をされたこともあった」と言う。元号が令和に変わった際、インスタグラムに書き込んだTWICEの日本人メンバーをめぐる前述の騒動、日本のテレビ番組に出演した韓国人に対して、心ない言葉をネット上で浴びせる一部の日本人の光景を見るにつけ、「好きなことを素直に楽しむことのできない状況に、葛藤を感じていた」と吐露していた。

そして、Hさんは「幼い頃から韓国の文化が身近にあった私たちにとって、韓国文化を楽しむことは自然なことであり、常に新しいムーブメントを巻き起こす韓国に憧れを持っていたに違いない」と自己分析している。

「新しいムーブメント」と表現したように、「韓国のほうが先を行っている」という感覚を持つ若者は少なくない。この点は、一昔前の世代（中高年層）とは大きく異なる。表4（72ページ）にも、「いつしか追い越された」というコメントがあった。韓国カルチャーが世界を席巻している状況を見れば、たとえば、エンターテインメントにおいては、そうした感覚を持つのは自然かもしれない。

次のＩさん（女性）の場合、「一昔前は日本が韓国の手本のような存在だったと聞く。経済的にも、技術的にも日本が一歩進んでいたと。文化もそうだったらしい」と述べていた。そして、何かの機会で年配のメイクアップアーティストから本格的な化粧をしてもらった際、「今はなんでも韓国っぽくするのね。昔は日本が真似されていたのに」と、その年配の方がつぶやいていたのが印象的だったという。Ｉさんは、「韓国のドラマを見ては、日本のテレビはつまらないと愚痴をこぼす。韓国の経済成長を目の当たりにしては、停滞している日本を憂う。改めて振り返ると、私は何かと日本は韓国に比べ劣っていると考えがちだった」だけに、その方の感慨が新鮮だったようだ。

ただ、Ｉさんの自己分析は深い。「奇妙なのが、私の中で、たとえば日本とヨーロッパ諸国を比較した時と、韓国を比較した時では、生まれる感情が違う」との自覚があるのだ。どちらも羨望の的ではあっても、「韓国は同じアジア圏であり、かつては発展途上であったことから、いっそう酷《ひど》く日本への落胆を感じる」としている。この点においては、一昔前の世代にも似たような「葛藤」を意識する人もいるのではないだろうか。

ところで、ここまで紹介した学生たちの話でわかることは、韓国に関する情報源がインターネットを通じたものが中心であることだ。

Jさん（女性）は、ネット上で韓国文化に関する記事や動画を見るようになっていくうちに、そのコメント欄が韓国批判で溢れていることに気づき、衝撃を受けたという。K－POPのあるアーティストに関して、「彼らは、日本にいるファンのことは考えていない。日本にお金稼ぎをしに来ているだけであり、日本のことが嫌いである」とする書き込みに対して、ファンとして怒りさえ覚えた。つまり、「推し」であるアーティストを批判する「嫌韓」への「葛藤」である。

その一方で、「推し」であるアーティストのSNSを利用した「反日」への「葛藤」を覚える人もいる。Kさん（女性）は、高校生の時、K－POPグループIZ*ONEのSNSで、3月11日14時46分に発信された、「FIESTA（祝祭）」という曲を聴いてくれたファンへの感謝のコメントを目にした。東日本大震災の発生日時を念頭に「反日」を意識した発信であるのは明らかだった。日本側のSNS上では、このグループの韓国人メンバーが、ある番組で韓国の竹島領有を主張する歌「独島は我が領土」を口ずさんだことが取り上げられ、炎上した。「反日・嫌韓を初めて身近に感じた。ただただ悲しかった」そうだ。

ネット上で経験したことの衝撃や影響は、小さくない。Lさん（女性）は、韓国で20

１１年９月に開催されたサッカーの大会で「日本の大地震をお祝います《ママ》。」という東日本大震災の被災者を中傷する横断幕を韓国側サポーターが掲げた写真をネット上で発見し、強い衝撃を受けた。「かなりショッキングなものだった。一度悪印象を抱いてしまうとバイアスがかかってしまう。実際、私はそれ以降、韓国を好意的に見たことは少ない」と語っていた。今では掲げた人が特別に悪質であって、すべての韓国人がそんな考えだとは思っていないものの、「韓国に対してあまり良いイメージを抱いていない」と言う。

　韓国で発生した理不尽な「反日」の事象に傷つき、「葛藤」している大学生は多い。被災者を中傷した横断幕が登場したサッカー大会はアジアチャンピオンズリーグ準々決勝だが、これとあわせて、理不尽な「反日」への疑念として大学生（特に男性）がよく挙げるのは、ワールド・ベースボール・クラシック（ＷＢＣ）で韓国選手がマウンドに自国の太極旗を突き立てたパフォーマンスだ。日本代表に勝利した２００６年と２００９年のＷＢＣで繰り返された。大学生だけでなく、これで「嫌韓」になった中高年層も多い。

　幼い頃にテレビで見た場面は印象深く、ある男子学生は、「ＷＢＣで旗を立てたやつで、『韓国人はこういう礼儀がない人なんだな』というイメージがあったが、実際に大学に入って韓国人に会ったら、『すごくいい人じゃないか』となって、そこですごくイメージが変わった」と話していた。この学生が韓国人留学生のいない大学へ入学していたら、ずっと「嫌韓」のままであったかもしれない。スポーツマンシップとはかけ離れた歪《ゆが》んだナショナリズムは、自国の評価を貶《おとし》めることになる。

ところで、Lさんは、韓国への悪印象を抱きつつ、複眼的に物事を見る必要性を感じて、筆者の講義を受講したそうだ。そして、「文化の韓国」を楽しんでいるほかの受講生の多くが、「政治の韓国」について気にしていないのではなく、強い「違和感」を覚えながら「葛藤」していることを、Lさんは理解したらしい。Lさんが期末レポートで、そのことに触れているのを読んで、筆者はなぜかホッとした。

「雪解けムード」で日本社会の空気に変化？

ここまで紹介したAさんからLさんまでの12人の思いは、2021年末から翌年初めにかけてのものである。

日韓間の外交関係が改善へと進み始めてからも、筆者は両大学の学生から同様の「違和感」を聞くことはあるものの、やや空気感は異なってきた。たとえば、自身がK－POPをはじめとする韓流を楽しんでいても、親などの一昔前の世代から何か言われたという意見は、ほとんど見なくなっていった。なぜか。日本社会の空気にも変化があったからであろうか。

たとえば、「ＮＨＫ紅白歌合戦」である（その出場者が時の外交関係に左右される歌番組であることは、第5章で詳述する）。「紅白歌合戦ヒストリー」（ＮＨＫホームページ）によれば、第71回（２０２０年）と第72回（２０２１年）は日韓合同のプロジェクトから誕生した日本人女性を中心とした９人組グループNiziUが出場していたが、韓国からは第70回（２０１９年）はTWICEだけ、第71回・第72回はTWICEを含めて完全に消えた。２０２２年の第73回には、韓国からTWICE、ＩＶＥ、LE SSERAFIMの３組のガールズグループが出場し、NiziU、世界最大級のＫ－ＰＯＰ音楽授賞式「MAMA AWARDS」での受賞経験がある日本人グループＪＯ１を含めると、なんと5組が「韓国勢」だった。翌年の第74回は６組と増えた。

第73回の出場者について報じた『週刊新潮』の記事「『ＮＨＫ紅白歌合戦』青息吐息の舞台裏」（２０２２年12月１日号）は、「韓流とジャニーズばかり」、「若者に媚《こ》びすぎている」と評して、「『人気コンテンツ』頼みでまるで『韓流歌合戦』」との小見出しで皮肉った。そして、その記事には、「さる芸能担当デスク」による「ここしばらく悪化していた対韓感情が、尹錫悦大統領になって雪解けムードなのが関係しています」との解説も載っていた。

この表現を借りるならば、親などの中高年層が嫌な顔をしなくなってきたのも、「雪解けムード」と関係があるのかもしれない。

日韓間の政治・外交関係が急速に改善された頃と言ってよい2023年7月、慶應での受講生であるMさん（女性）、N君（男性）、Oさん（女性）、P君（男性）に集まってもらい、筆者の研究目的であることを告げて、横浜市内でグループインタビューを行った。全員が首都圏の親元から大学に通っている学生であり、彼ら／彼女らが感じる「雪解けムード」による周囲の空気感の変化を探ることが目的だ。

まず、韓国カルチャーを楽しんでいることに対して、「親御さんから何か言われないか」を問うてみた。Mさんは「父は韓国に対して否定的な視点があって、韓国政治に対してマイナスなイメージを持っている。でもそれを私に言うことはなく、韓国文化が好きなことも受け入れており、親世代から何かを言われたり、視線を気にしたりという経験はない」と言い、ほかの3人もほぼ同じような反応であった。

では、同世代からの反応はどうかと聞くと、Mさんは「思想強そう」とか、「大丈夫？」

とか、「なんかすごいね」と言われたことはあるそうだ。母親の影響で韓国ドラマを好きで見るようになったOさんは、2019年に日本製品の不買運動があった頃、同じ歳《とし》の友人に韓国へ旅行すると言ったら、「ちょっと韓国怖くない?」と言われたが、「今となってはその子はBTSが大好きで、今年は3回ぐらい韓国に行っている」という話をしてくれた。

P君によれば、同世代で男女を比べると、女性のほうが「韓国好きみたいな風潮」を感じ、男性には「韓国のこと好きなの? なんかダサくない?」といった否定的な人も何人かはいるが、「韓国の文化が好きだ」と公言する人も周辺でいるそうだ。そして、「(日韓間で)政治で何かがあったら特定アイドルの応援するのをやめるとか、文化好きを控えるとかいったことは、最近はまったくない。政治と文化を切り離して考える人が多いのでは」と続けた。

N君は、「文化の韓国」と「政治の韓国」への日本社会の「眺め」を、次のようにうまく分析してくれた。

「政治の話で(韓国を)悪く言っている人が、(韓国の)文化好きというのも全然あり得る。また、政治に関して韓国にマイナスなイメージを持っているから文化も避けるとか、逆に文化が好きだから政治に関しても好意的に受け止めるという人もあまりいない。政治と文化の関係が途切れているというか、完全に別のものとして話されているという印象を持つ」

N君の父親は、韓国文化に関心がなく、韓国にマイナスイメージを持ち、「保守的な思想が強い」とのことだが、N君が韓国文化に関心がある素振りを見せても、マイナスな言葉をかけられることはないそうだ。

改めて、学生たちへ「日韓間で政治の問題があった時、韓国文化好きでも良いかと、頭の中で葛藤したことはないか」を問い直してみた。Mさんの答えは、次の通りだった。

「少し前には、(日韓間の)政治状況が悪くなると、自分が(韓国)文化好きだと公言するのを控えなければと思うことが多かった。ただ、最近はソフトパワーの面がすごく大きくなっていて、日本の中でも韓国文化がある意味、ひとつのコンテンツとして確立しているというか、すごく広まっているので、安定的になっている。これに対して、政治はけっこうコロコロ場面が変わる、状況が急変しやすい。ところが、文化はもはや安定しており、ソフトパワーとして、日本の中で日韓をつなぐものとして、存在し続けている。これからは、政治状況が悪くなっても、自分が韓国文化を好きなことに対して、葛藤を持ったりすることはあまりないのではないかと思っている」

確かに、「ひとつのコンテンツとして確立している」と言ってよい現象がある。2022年の「オリコン年間ランキング」のアーティスト別セールス部門の「トータルランキング」では、125・2億円を売り上げたBTSが2年連続年間1位を獲得した。これは、音楽ソフト（シングル、アルバム、ミュージックDVD・Blu-ray Disc）とデジタル作品（デジタルシングル、デジタルアルバム、ストリーミング）の総売上金額を集計したものだ。「2年連続年間1位を獲得するのは、海外アーティスト史上初で、男性アーティストでは森進一、井上陽水、嵐に続く史上4組目」だと、『ORICON NEWS』（2022年12月23日）は伝えた。2023年上半期の音楽ソフトの総売上金額を集計した「オリコン上半期ランキング」のアーティスト別セールス部門の「新人ランキング」では、11・8億円を売り上げたLE SSERAFIMが1位だった（2023年7月6日）。

このK－POPグループは、2022、2023両年の紅白歌合戦にも連続出場した女性5人組である。特に、若者のファンが人気を押し上げている。5人のうち、2人が日本人であることもLE SSERAFIMの特徴だ。2023年で紅白に4年連続出場となったNiziUに至っては、9人のうち、米国出身の1人を除いて、他は日本出身の女性たちである。朴《パク》軫永《ジニョン》を本名とする1971年生まれのJ.Y. Park氏が総合プロデュースするNizi Projectのオーディションを勝ち抜いた人たちだ。『文藝春秋』（2021年1月号）の特集「2021年　日本を動かす21人」には、グループでありながらNiziUが数えられ、「日本芸能界に来た『黒船』」として、J.Y. Park氏の「すごさ」が論じられている。

若者は、K-POPグループのどこに魅力を感じるのか。Oさんは、「韓国のエンタメは自由度が高いと思う。アイドルであれば、日本とは異なり、事務所やグループによって、特徴がまったく違う。表現の仕方も、日本だと肌の露出が激しければ、いまだにバッシングを受ける。韓国は文化的にどんどん奇抜なファッションができるようになっているし、日本だと規制されるような振り付けも可能で、表現の幅が自由で広いように思う」と説明する。「中学3年生の時にTWICEのミュージックビデオを見てハマった」と述べるP君は、「ファッションや音楽などで、世界の流行をつくるというか、最先端だなというイメージがある」と言う。

韓流は韓国政府の主導で人為的に作られた？

第1章で、韓国政府も文化の輸出促進など、積極的な文化政策を推し進めていると書いた。ただ、政府の文化政策が支援する主な対象は、個別の商品や事業ではないことにも触れた。

大学で講義をしていると、韓流が韓国政府の主導で人為的に作られたものであるとか、政界が個別の事務所や芸能人を直接的に支援していると思っている大学生が、意外に多い。韓国政府が他国の人々を、いとも簡単に自己の文化で鷲《わし》づかみできるほどの能力を持っているわけがない。また、日本の若者にしても、外国のプロパガンダに乗せられて、その国の文化に熱を入れるほど単純な人々ではない。

慶應の学生たちとのグループインタビューでも、「韓流は、韓国政府が作ったブームだと思うか」を聞いてみた。

N君は、K-POPの情報源がニュースであることを背景に、次のように話した。「政府によって韓流が作られたと思っていた。僕はK-POPは見ないんですよ。じゃあ、どこでK-POPを見るかというと、ニュースなんです。たとえばBTSが国連に行ったとか。知識がない状態でBTSが有名になったのを何となく知って、映画『パラサイト 半地下の家族』の監督が大統領と話したとかを最初に見るので、『あ、K-POPと政府ってすごいつながっているんだな』と何となく思っていて。たぶん、K-POPに興味がある人にとっては、それは違うとわかるのだろうけれど、もともとあまり興味がない人間にとってはそこで初めて知るので」と。

Mさんは、K－POPアイドルの兵役問題との絡みから、次のように指摘した。「韓流を生み出したのは政府ではないとは思う。それでも、大変なバックアップ、後押しを政治的にしている部分が大きいという印象がある。なぜならば、バンタン（BTS）の兵役をめぐって、法律を変えようとする話が出るなど、けっこう日本のニュースでも取り上げられる。おそらく政府がK－POPや韓流の海外進出をすごく後押しをして、下支えしているという印象を持つ」。P君も同様で、「政府が関係あるとは思わないが、BTSが米国の大統領と話したといったニュースを見ると、政府も何かしらの後押しをしてると思う時もある」そうだ。

確かに、BTSメンバーの兵役義務をめぐって、最年長であるジン氏の入隊期限が迫った2022年秋頃、日本でも「BTS兵役で揺れる韓国政府　世論調査方針に国民反発―『義務果たすべきだ』5割超」（時事通信、2022年9月9日）といった報道が、盛んに流れた。2023年4月のジェイホープ氏、同年8月のシュガ氏がそれぞれ入隊する際も、日本のメディアは報じた。韓流と政治がそれなりに近いものだと認識されても無理はない。

　ただし、BTSの兵役問題は、政治が韓流に近いのではなく、むしろ、政治が韓流を特別扱いできない局面を見せたものでもあった。韓国の兵役法では、「芸術・体育要員」に対して、代替措置ができる項目がある。オリンピック、W杯、WBC、世界陸上などで優勝レベルの記録を挙げた選手がその対象となることは、想像がつくだろう。芸術は、クラシック音楽、舞踊、古典芸能などが対象であって、大衆文化は含まれていない。ヴァイオリン、ピアノのようなクラシックの演奏家は国際的な音楽コンクールで2位以上を獲《と》れば代替措置を受けられるのに、同じ音楽家でもK－POPグループがビルボードのメインチャートで1位を複数回獲得しても、そうした対象にはならない。

「これは大衆文化に対する差別意識があるからだ」という指摘や、国際的な影響力が格段に大きいK－POPグループの場合、「その勢いを削《そ》がないために、大衆文化も芸術要員として扱うべきだ」と主張する声もある。

　さて、韓国政府と韓流に関して、Oさんは少し異なる視点から話した。

「私は、政府が作っているというふうに考えたことは全然ない。ただ、グローバルに進出しているのは、韓国の事務所や制作会社のやり方が日本とは違うため、そこが余計、政府が後押ししているように見えるのではないか。たとえば、私は日本のジャニーズがめっちゃ好きだが、ジャニーズは日本しかほとんど眼中になく、日本で売れるためのコンテンツばかり出す。韓国のアイドルの方たちは、英語はもちろん、日本語もしゃべれるし、中国語もしゃべれる。それを事務所が教育するというのを聞いた。そもそもデビューする前の段階から海外を視野に入れている。（楽曲も）ジャパニーズバージョンだったり、イングリッシュバージョンだったりを出して、海外に売り出そうという意図がある。ところが、日本ではそういう文化がまったくないので、グローバルな視野を持っている韓国文化を見ると、『もしかして、政府がやってるのかな』という考えになるというのは、ちょっと理解はできる。私自身がそう考えたことはまったくないが……」

個別のK－POPグループや事務所などに対して、韓国政府が直接的に支援しているという言説が存在する背景を、冷静に分析するものであると言ってよいだろう。

いずれにせよ、多くの大学生が日本と韓国の文化と政治をめぐって、いろいろと考えているのだ。

2　韓国文化好きが増えれば歴史問題はなくなるのか（大貫）

韓国で広がる「日韓の政治的関係も自然に改善する」との楽観論

本書でこれまで触れたように、若年層の女性を中心に韓国への親しみを抱く日本人は確実に増えている。

そのためだろう。日本の若者たちは韓国文化が好きなので、いずれ日韓の政治的な関係も自然に改善する。20年、30年後の未来は明るい――。日韓の有識者らが集うシンポジウムに参加すると、こうした楽観論で場が締めくくられることがしばしばある。日本の若者たちに韓国文化が広く浸透した2018年頃からよく聞くようになったと記憶する。特に、韓国側の出席者からこのような声が出ることが多い。

果たして、この仮説は正しいのだろうか。筆者（大貫）は、楽観論を耳にするにつれ、検証してみる必要があると考えるようになった。それには2つの理由がある。

ひとつは、シンポジウムの出席者は日韓両国とも50～70代の中高年男性が大半を占めており、実際に若者から意見を聞いた上での展望なのかがわからなかったためだ。出席者は大学教授など日常的に学生たちと接する識者が少なくないが、具体的な研究結果などがあるという印象ではなかった。

もうひとつは、筆者自身、ソウル駐在中に韓国の若者に対して同様の期待感を抱きながら、2019年の「NO JAPAN」運動を目の当たりにしたことで、自分自身の見立ては甘かったのではないかと自省したからである。この点については第3章で後述する。

とはいえ、子どもの頃から韓国文化に親しんで育ったという若者たちは、これまでの日本社会に見られなかった存在だ。「韓国文化好きが増えれば歴史問題はなくなるのか」。このテーマに一定の解を見出したいと、筆者はソウル駐在を終えて2018年に帰国した後、さまざまな場面で日韓両国の若者たちにインタビューを重ねた。シンポジウムなどを合わせると、話を聞いた若者は100人を超える。

取材を通じて、韓国文化が好きなだけに、政治や歴史問題とどう向き合っていいのかわからないと困惑している若者たちに数多く出会った。葛藤の事例については、前節で示した通りだ。ここでは主に、日韓間の最大の懸案である歴史問題を学生たちはどうとらえているのか、「文化と政治」のはざまで悩む学生たちはどのような取り組みをしているのかを記した上で、歴史問題への影響を考えていきたい。

「K-POP好きこそ日韓関係に向き合っている」

面識のない関西地方の大学の女子学生Rさん（3年）から「取材のお願い」と題する1通のメールが会社を通じて届いたのは、2022年12月のことだった。ジャーナリズムを学んでおり、「K-POP好きの日本の若者は韓国をどう見ているのか」に焦点を当てて記事を執筆したいという。筆者が以前書いた、若者と日韓関係に関する記事を読んでおり、インタビューに協力してほしいという内容だった。

具体的な問題意識として、「韓国にマイナスの印象を持つ前に韓国のエンタメにハマる若者は、大人になってから韓流にハマった上の世代の人たちとは異なるものの見方をしていると推測する」と書かれていた。筆者と同様の関心を持っていることに親しみを覚えた。と同時に、筆者の学生時代（90年代）には想像もできなかったテーマ設定だ、とも感じた。それだけ学生にとって韓国文化が身近になっていることの証《あかし》だろう。逆取材もしてみたいと思っていたところ、幸い、メール受信から数日後に会えることになった。

「K-POPの熱狂的なファンになるほど、日韓関係に向き合わざるを得なくなっていると感じていて」。Rさんは、韓国文化好きの若者が、決して文化を消費しているだけではないと語ってくれた。

Rさんの韓国文化との出合いは中学時代だった。スマホを持ち始め、K－POPアイドルのYouTubeなどを見るようになったのがきっかけだった。韓国関係の情報に接するうちに、好きなアイドルがもしかしたら日本に良くない印象を持っているのではないか、という噂《うわさ》を耳にするようになった。日本人も含まれるK－POPグループで、日本人メンバーの露出が韓国人メンバーより少ないといった場面など、実際に日韓の難しい関係に直面することも出てきた。真実を知りたいと、日韓関係に関する新聞記事を読んだり、韓国語を勉強したりするようになったそうだ。

周囲にも、K－POPや韓国ドラマに接したのを機に、翻訳ソフトを使わずに原語を理解したいと韓国語を学び始めた友人が多いという。韓国語の学習者が急増していることはすでに第1章で触れた通りだ。書店では、韓国語のテキストが平積みされ、中国語やフランス語などを圧倒している。独学に励む中高生も多い。学びは自然と政治テーマにも及び、日本の中国地方出身の学生は竹島問題への関心も高いとRさんは語った。

「好きなアイドルが反日的かもしれない」と日本の若者に衝撃を与えた象徴的な例が、第1章で言及した2018年の「原爆Tシャツ」問題だろう。日本国内の批判の高まりを受け、日本のテレビ局の音楽番組出演が急遽《きゅうきょ》キャンセルとなったほどだった。BTSの所属事務所は「被害に遭われた方を傷つける意図はなかった」と謝罪に追い込まれた。

この一件は、元徴用工訴訟で大法院が日本企業に賠償命令を出したのとほぼ時を同じくする。判決によって日韓の政治的な関係が極度に悪化し始めたタイミングであり、韓国とどう向き合えばよいのかと悩みを深めた若者も多かったに違いない。2019年6月に取材した大妻女子大学3年の女性が「原爆Tシャツの件が残念で、BTSのファンをやめようかと思った」と吐露していたことを思い返した。

Rさんは、アイドルの反日的と見える言動をどう受け止めたのか。「ショックというより、やっぱり外国なんだという印象でした」。冷静なとらえ方だった。

では、最も難しいテーマである、歴史問題についてどう考えているのだろうか。「私自身、加害者、被害者ということを強く思うわけではないですが、実体験としてわからない世代が歴史を学べば学ぶほど、加害者意識を持つ（日本）人がいてもおかしくない」とした上でこう語った。「私自身はそうした言葉（加害者、被害者）は使わないようにしていきます。議論の場で使ってしまうとそういう意識が生まれてしまいますが、まっさらな状態で考えていかなければいけないと思うので」。バランス感覚が光るRさんとの対話は、気がつけば1時間が過ぎていた。

「K－POPにのめり込んでいる日本の若者が、K－POPとか韓国ドラマに興味のない人に、『韓国のことが好きだから韓国のことは悪く言わないだろう』とか、『日韓の歴史を知らない愚かな人だ』という見方をされることが時々ある気がします」。本書でこれまで記したように、韓国文化が好きだからと、政治的な面でも韓国の立場を支持するとは限らないとRさんは指摘する。

その上で、メディアが日韓関係に向き合う若者たちの姿を伝えることで、両国の関係改善への道筋を考える一助になるのではないかと筆者に問うた。学生たちの真摯な姿勢がメディアでは報じられていない、とのもどかしさがあるのだろうと受け止めた。若者たちがどう考えているのかを知りたいと始めた取材で、若者たちの取り組みを伝えること自体が関係改善にプラスになり得るとは、考えてもみなかった。

歴史問題解決を両国学生が模索

このように、韓国文化を楽しむうちに政治的な課題に直面し、どう向き合ったらいいのかという悩みを抱えたことで、日韓関係について深く学び始める若者は着実に増えているようだ。

静岡県立大学の小針ゼミで学んだ後、名古屋大学大学院で韓国研究を続ける野崎文香さんは「文化があってこそ日韓の政治や歴史を考えるのではないかと思います。K－POPやドラマを通じて関心を持ち始め、その過程で日韓関係という課題にぶつかり、政治や歴史についてもっと勉強してみようという意識がある若者は多い」と言う。

2018年に一連の取材を始めて以降、日韓関係について学生たちが議論する場に年に数回、参加した。なかでも印象的だったのは、慶應義塾大学の学生たちの活動だった。コロナ禍を経て活動が対面に戻った2023年6月の討論会を描きながら、学生たちがどのように向き合っているのかを紹介したい。

「日韓をめぐる問題の中で最も重要な問題は何だと思う？」

「男女の格差はどんなところで感じる？」

「少子高齢化の解決で日韓が何か協力できることはある？」

梅雨の晴れ間の蒸し暑い一日となった2023年6月18日、川崎市の生涯学習プラザに日韓の学生計46人（日本人28人、韓国人18人）が集まった。日韓関係について語り合う慶應義塾大学の学生団体「ＫＮＯＣＫ」（ノック）のメンバーと、同大に通う韓国人留学生らが参加した。初対面の人もいれば、親しい友人同士もいるという。会話は基本的に日本語をベースとしながら、日本滞在がまだ短い留学生には韓国語を身に付けた日本人学生や、日本語を流暢《りゅうちょう》に操る韓国人学生がサポートに入る。

「まずは相手の意見を尊重して向き合っていくことを頭の片隅に入れてほしいです」。司会を務めた小尾航平さん（2年）は冒頭、参加者に呼びかけた。見解に違いがあることを前提とした上で、相互尊重の重要性を訴えたのだった。

参加者は1グループ5人ほどに分かれ、くじで語り合うテーマを引いていく。話題は歴史問題から教育の違い、共通する社会の課題まで多岐にわたった。各テーマについて、小型の付箋にまず自分の考えを記す。それを基に意見交換を進めていく。

具体的な議論の内容を記す前に、「KNOCK」について簡単に説明しておこう。KNOCKは慶應の学生たちが2020年7月に立ち上げた団体だ。冒頭の「K」は慶應から、末尾の「K」はKoreaから、それぞれ一文字とったそうだ。KNOCKには、「立場の違う他者と話す際、いきなり相手の心のドアを開けるのではなく、一度ノックして相手を思いやり、ゆっくり心を開き合う」との意味を込めた。センシティブな話題も胸襟を開いて語れるようにするためだという。

2020年7月といえば、日韓関係は徴用工問題や輸出規制問題などで冷却化し、首脳間の対話が途絶えていた頃である。学生たちはコロナ禍の真っ最中で、顔を合わせた学生同士のコミュニケーションの場がほぼ失われていたにもかかわらず、こうした活動に取り組み始めたことに熱意の大きさを感じた。

年間の活動は、まず大まかなテーマ設定をした上で取り組むべき課題を絞り込み、具体的なプロジェクトを5つほどのグループに分かれて作り上げる。年度後半からは、プロジェクトを討論会で提案し合い、審査員の採点などを経て選ばれたひとつのプロジェクトの実現に向けて動いていく、という流れだ。

結成からの2年ほどは、オンラインを中心に日韓間の課題について語り合った。メンバーは基本的に日本人学生だが、オンラインで韓国人学生と交流し、徴用工や慰安婦、領土問題といった両国間の難題についても打ち解けて話せる環境作りに心を砕いてきたそうだ。

筆者は2021年からKNOCKの取材を始め、この年11月の討論会に審査員として初めて参加した。この時に高評価を得たプロジェクトは歴史教科書作りで、年度末には約30ページの教科書を自主製作した。両国の歴史教科書の記述を比較したほか、欧米が日本統治時代をどうとらえているかについても考察した。

この日はようやく実現した対面での取材となった。2023年度のテーマ設定に向けた議論の場だと事前に説明を受けていた。

まずは高校時代のそれぞれの活動など自己紹介から始め、和やかな雰囲気になっていった。昼食を挟み、少しずつ突っ込んだ話題に入っていく。筆者が参加したグループのテーマは「相手国との歴史について学校でどう教わったか」である。

「小学校では日韓関係についてはほぼ出てこない。中学、高校で少し。日韓併合については5、6行記述があって、客観的に淡々と」（各務莉古さん、2年）

「小学校から高校まで歴史の時間に日本との関係について学んだ。韓国が独立のために戦った映画も見たりした」（金禮智《キムイエジ》さん、2年）

日韓の2人の学生の経験談は、両国の歴史教育の量と内容の違いを端的に表している。こうした議論を通じて相手国の実情を初めて知るという学生は多い。教育の違いに衝撃を受ける若者もいると聞くが、この場では驚く様子は見られず、皆、発言者の経験談に耳を傾けていた。

KNOCKは、前述の小尾さんの言葉にあったように対話によって知り得た違いを踏まえた上で、問題を克服するための具体的なアイデアを出して実現しようと一歩踏み込むのが特徴だ。なお、韓国の教育が若者たちの対日観に影響を与えている可能性については第3章で詳述する。

さまざまな学生の意見を聞くため、別のグループに席を移した。テーマはちょうど筆者の関心事項である「日韓の民間交流は政治交流につながると思う？」だった。学生たちも同様の問題意識を持っているのだと感じた。

議論が始まると、民間交流は長期的にはプラスになるのではないかという意見と、政治には直接影響を与えないだろうという両論が出た。

KNOCK代表の越路華さん（2年）は「民間交流は政治的な関係改善にすぐにはつながらないだろうけど、きっかけにはなると思う」と自身の見解を述べた上で、ほかのメンバーにこう問いかけた。

「これからの世代は関係を維持したいと思っている人が多くいて、関係を維持するためにはコミュニケーションをとれたらいいのではないかと思うのだけど、みんなはどう思う？」

すると韓国の学生たちから、日本が歴史問題について謝罪すべきだという声が上がり始めた。日本人のある学生が「過去の文書では謝っているけれど、どうしたら誠意ある謝罪になるのかな?」と尋ねると、ある韓国人学生(1年)は、正確に意思を伝えるため韓国語で話すと断った上で、「靖国神社の参拝は戦争犯罪者を擁護しているように見える。謝罪の姿勢を示す行動を続けてほしい」と語った。

独学で韓国語を身に付けた日本人の学生が、ひとつひとつ確認するように「謝罪の気持ちがこもっていない行動が問題だということだよね?」と応じる。すると韓国の女子学生は「真剣さが不十分だと、謝罪は真剣ではなかったと思う人が多い」と語った上で、「こんな深い話ができると思わなかった」と笑みを見せた。

謝罪について、日本は公式文書などに基づく言動を重視するのに対し、韓国は行動で示すことを望んでいる。こうしたギャップが、日韓間の歴史問題が解決しない大きな要因だと筆者は考える。

韓国で望ましい謝罪の代表例としてよく挙げられるのは、1970年に西ドイツのブラント首相がワルシャワのゲットー(旧ユダヤ人強制居住区)英雄記念碑の前で、2015年に鳩山由紀夫元首相がソウル・西大門《ソデムン》刑務所歴史館の追悼碑の前で、それぞれ跪《ひざまず》いて黙《もく》禱《とう》したことである。韓国側はこうした象徴的な場面があれば誠意ある謝罪と受け止めるというものの、日本の政治や文化、人々の行動様式を考えるとハードルは高い。両国の多くの国民は、政治家や政府関係者を含めて、このようなズレがあることを認識していないが、この場の議論は謝罪の在り方の違いという歴史問題の核心に踏み込んでいた。

相互理解に努めようとする越路さんが、議論を整理しながら進行していく。韓国の留学生は、時にスマホで自動翻訳機を使いつつ、全員が日本語で、互いが歩み寄れる解決策を付箋に書き上げた。午前10時から午後5時までの7時間をともに過ごしながら、学生たちはまだ話し足りない様子で、会場の出口で立ち話を続けていた。

現実を踏まえたアプローチに期待感

日韓の学生交流は従前からあり、目新しいことではないだろう。ＫＮＯＣＫの活動を詳述した理由のひとつは、参加者の多くが小中学生の頃から相手国の文化に触れていたり、旅行したりした経験を持ち、日韓関係に関心を抱いたという点が今日的であるためだ。文化のみを楽しみ、政治には関心がないという若者も少なくないに違いない。日本の非営利団体「言論ＮＰＯ」と韓国のシンクタンク「東アジア研究院」が２０２２年９月に発表した日韓共同世論調査（調査期間は日本が２０２２年７月23日〜８月14日、n〔有効回答数〕=1000、韓国が同年７月21日〜８月８日、n=1028）によると、「日韓の政府間関係が悪化しても、相手国のポップカルチャーを楽しんでいる」と答えた日本人は61％に上った。政治とは切り離して文化を楽しむ層がこれだけいるということは、文化交流が進んでも政治的な関係改善には必ずしも直結しないことを意味すると言える。

前述の野崎さんは「文化が大きな入り口であるからこそ心配な側面もあります」と言う。原爆Tシャツ問題など日韓関係の難しさに直面すると、「好意的に（韓国文化に）入ってきた日本人のファンたちも、こうした問題に出合った時、脱力してしまう人は多いのではないでしょうか」と懸念する。両国関係の複雑さに疲れを感じてしまい、深入りを避けようとする学生もいると示唆しているのだろう。

KNOCK前代表の高木現さん（3年）は「心と心でつながるには、ぶつかる必要がある。傷つく可能性があるとわかった上で、踏み込む一歩が求められているのかも」と後輩たちに語った。歴史問題の難しさを踏まえた上で、いずれかの立場に偏らず、互いに受け入れ可能な解決策を探ろうというKNOCKの姿勢には学ぶべき点が多い。学生たちの手で現実的な方向性を模索しようと、さまざまな識者から話を聞くバランス感覚も備えている。これが詳述したもうひとつの理由である。

ともすれば、歴史問題は識者同士のシンポジウムでも日韓双方が自国の立場を述べ合って平行線をたどりがちだ。日韓両首脳の合意に基づいて実施された専門家による歴史共同研究は、２００２～０５年と、２００７～１０年の2期にわたって行われたものの、双方の見解の相違がいかに大きいかを改めて確認することになった。研究メンバーの中には、相互理解や歩み寄りは難しいと痛感した人もいると聞く。

こうした経緯を念頭において一連の取材をした筆者としては、次世代に期待を抱いてみたくなる。「韓国文化好きが増えれば、自然に歴史問題は解決する」ほど楽観はできないが、「韓国文化好きが増えれば、日韓関係や歴史問題に向き合おうと努める若者も増える」と見ることは可能だろう。

男性の参加率の低さは気がかり

留意すべきなのは、すでに本書で指摘したように韓国文化に関心を持つ日本の若者は圧倒的に女性が多く、交流会などへの男性の参加率が極端に低いことだ。たとえば２０２２年5～6月に日韓文化交流基金が実施した日韓大学生オンライン交流で、日本人の参加者のうち女性は36人、男性はわずか6人だった。韓国人も女性28人、男性14人と女性が多かったものの、日本ほど大きな男女差はなかった。筆者が取材した過去3年ほどの日韓学生交流はこのように、日本人参加者の8割超は女性というケースがほとんどだった。前節で紹介した、韓国文化と政治のはざまで葛藤する計12人の学生がすべて女性なのは、こうした現状を反映したものだ。

交流会に出席した男性たちも、韓国文化とは無縁だったという学生が多かった。2021年9月にあった小針ゼミのオンライン合宿に筆者は一部参加した。出席したゼミ生約20人のうち男子学生は2人で、うち1人は「BTSのビの字も知らなかった」と話していた。KNOCKが2023年6月に開いた討論会の参加者は男女半々で、これはかなり珍しい。小針ゼミの男子学生と同様、参加した契機について、韓国文化に関心はなかったが、韓国の「NO JAPAN」運動に衝撃を受けたり、日韓関係の悪化を報じるニュースに接したりしたから、という男子学生が複数いた。

男女差が顕著な要因として、韓国文化と言えば日本ではK-POPやドラマ、化粧品などが身近な存在となっていることが影響していると考えられる。前述の日韓共同世論調査によると、「相手国の文化の中で興味がある分野」との問いに対し、日本は「ドラマ」が最多の41・3%、次いで「音楽（K-POP）」が31・8%と、ドラマと音楽だけで7割以上を占める。一方、韓国は「漫画やアニメ」が68・4%に上った。

K－POPは、特に女性に人気がある。小中学生の頃からK－POPを好きになる女子生徒は多い。繰り返しになるが、このような現象は過去の日本では見られなかった。部活動や習い事でダンスを楽しむ女子が増えており、洗練されたダンスとしてK－POPに接するようになる、という流れもあるのだろう。

筆者の高校1年の長男の周囲を見渡しても、K－POPコンサートに出かける女子中高生の話をよく耳にする。一方、小中高生の男子が夢中になるのは、スポーツやゲームが多く、韓国とはあまり結びつきがない。このため、韓国文化への関心度に男女差がある傾向は今後も続くと筆者は考える。

入り口として関心度に顕著な違いがあれば、次のステップとしての韓国語学習者や交流会参加者にも男女差が出てくるのは当然だろう。韓国への親しみ度合いに男女間で大きな差異があることは、各種世論調査結果から明らかになっている。たとえば、内閣府の「外交に関する世論調査（令和5年9月調査）」（調査期間2023年9月7日～10月15日、n=1649）によれば、韓国に「親しみ」を感じる人は、18～29歳の場合、女性は74・1％に達しているのに対して、男性は55・7％である。

日韓関係はこれまで、中高年男性の政治家や政府関係者などが主に担ってきた。女性が交流の中心となっていくことは、ジェンダーバランスを考えれば歓迎すべきことだろう。

とはいえ、あまりに大きな男女差が広がっていくことは望ましくない。韓国文化を好むのは女性という固定観念が定着し、男性が韓国文化に接しにくくなるかもしれない。忌避した結果、メディアで報じられる韓国の負の側面にばかり目が向いたり、無関心となったりする可能性もある。

明るい材料としては、日韓関係を上下関係ではなく対等な関係だととらえる日本人が増えている点が挙げられる。前述の日韓共同世論調査で、「日韓は対等な関係になったのか」との質問に、「日本と韓国は、すでに対等な関係だと思う」と答えたのは日本人の27・8%に上り、前年比12・1ポイントの大幅増となった。年代別の回答は記されていないが、韓国ドラマやK－POPの世界的な評価の高まりや、韓国の経済成長により、若年層ほど対等な関係だととらえていると推測される。

若者たちは、韓国文化を受容することに抵抗はない。もし、小中高生の男子も熱中するような韓国コンテンツが登場すれば、関心度においても極端な男女差は解消されていくのかもしれない。

第3章　「政治の韓国」の中の日韓文化接触

1　消えた「NO JAPAN」と韓国の若者（大貫）

不買運動参加も訪日客も20代が最多

第2章では、韓国との向き合い方をめぐって学生たちが葛藤する様子を詳述した上で、日韓関係の未来のために解決策を模索する取り組みを紹介した。では、韓国の若年層は日本にどのような思いを抱いているのだろうか。

現代の若者たちの実相について記す前に、韓国社会における若者の位置づけについて簡単に触れておきたい。

韓国では、１９８７年の民主化運動を学生たちが主導して成し遂げたように、若者が政治や社会において大きなカギを握ることがある。現在の韓国は、本章2節で後述するように社会の分断が深刻な課題となっており、分断のキーワードのひとつは「世代」だ。こうした背景から、世代に着目した研究や報道が盛んだ。

若者を表現する言葉として、「2030」という呼び方がある。20、30代を総称した表現で、韓国メディアの見出しなどで頻繁に使われている。『朝鮮日報』のデータベースで「2030」と入力してみると、世代として「2030」を示す表現が出てくるのは2000年代初頭からで、2001~03年に20、30代の実像に迫る長期連載や特集記事を掲載している。2002年大統領選で、民主化運動の中軸を担った当時の30代が中心になって盧武鉉氏を当選させており、この世代が脚光を浴びていた時期だった。

その後、「2030」が韓国政治を大きく動かしたのは、大統領だった朴槿恵氏を憲政史上初の弾劾に追い込んだことだろう。2016年後半、同氏の弾劾を求めるろうそく集会に多数の若者が参加し、翌2017年、文在寅政権の誕生に至った。この年の大統領選（2017年5月9日）の投票率は20代が76・1%、30代が74・2%（全体77・2%、中央選挙管理委員会発表）に達し、日本の直近の衆院選（2021年10月31日）の投票率が20代は

36・5％、30代は47・1％（全体55・9％、総務省発表）なのと比べると2倍前後に上った。ろうそく集会の参加者に男女の差は見られなかったが、「フェミニスト大統領」を自認した文在寅政権下では、20代の女性の支持はおおむね維持したのに対し、男性の離反を招いた。若者の男女対立は先鋭化し、2021年のソウル市長選や2022年に尹錫悦氏が当選した大統領選において、20代の男性の保守支持、女性の進歩支持が鮮明に表れたとして注目を集めた。30代以上の世代と比べ、揺れ幅が大きいこともあり、2024年4月に行われた総選挙でも20代をいかに取り込むかは各陣営にとって重要な課題だった。

では本題に入ろう。現在の「2030」について、韓国ではミレニアル世代とZ世代を合わせて「MZ世代」と表される。主に1990年代半ば～2000年代前半生まれのデジタルネイティブ世代を指す。第5章で触れるように、20代以下の若者は日本に対する好感度が全世代の中で最も高い。未来の日韓関係の希望だと見る識者が少なくない。

筆者（大貫）も、2013～18年のソウル駐在中にそうした期待を抱いた。当時、若年層を中心に日本旅行が大ブームとなった。日本政府観光局（JNTO）の統計によると、韓国からの訪日客は東日本大震災翌年の2012年から右肩上がりで増え続け、2013年に約246万人だったのが2018年には過去最高の約754万人とわずか5年で3倍以上に達したのだ。２０１８年の韓国人訪日客の年齢別内訳を出入国管理統計で見ると、20代だけで約１７４万人と２割超を占めた。訪日経験が日本への好感度の高さにつながっていることがうかがえた。

ところが、２０１９年の「NO JAPAN」運動に積極的に参加したのも若年層だった。２０１９年11月28日に韓国の世論調査会社「リアルメーター」が発表した調査結果（調査期間２０１９年11月27日、n=501）で、「不買運動に参加している」と答えた19～29歳は81・１％に上り、全世代で最も高かった。不買運動の一環として、「日本に行かない」運動も展開され、この年８月以降の訪日客は急減した。この頃、駐日韓国大使館関係者（30代）は筆者に「しょっちゅう日本に遊びに来ていた妹がまったく来なくなった。日本のビールさえ飲まなくなったのには驚いた」と漏らしたほどだった。日本への好感度が高いこの世代が不買運動をけん引したことに、筆者は驚きと強い戸惑いを感じた。

若者たちの日本離れは続くのか。コロナ禍を経て再び訪日旅行の門が開いた後、日本を旅先に選ぶ若者はどれだけいるかと懸念しながら注視していたが、幸い完全な杞憂《きゆう》だった。２０２２年６月に日本政府が訪日外国人の団体ツアー客受け入れを再開すると、韓国でも日本旅行への熱が再び高まった。不買運動の象徴的な存在だったユニクロへの客足も戻り始めた。『朝鮮日報』は、ユニクロが２０２２年5月20日、イタリアの高級ブランドとコラボレーションした商品が好評で、列をなしたと報じた。記事には、ソウル市内の店舗前で若者たちが行列を作る写真も掲載された。

この年10月に個人旅行が解禁されると、訪日旅行は爆発的な人気を集めるようになる。世界各国からの訪日客が前年同月比87倍とアフターコロナが本格化した２０２３年２月、訪日客は約１４８万人で、うち実に４割近い約57万人が韓国からだった。その後も韓国からの訪日客は国・地域別でトップを維持し続けており、２０２４年は5月までの全訪日客約１４６４万人中、約３７４万人と約25・５％を占めている。特に、若年層が目立つ。国土交通省観光庁『訪日外国人の消費動向　２０２３年年次報告書』によれば、韓国からの訪日客は20代以下が42・０％、30代が29・０％であった。また、『釜山日報』（２０２３年8月21日付）は、エアプサンが２０２３年１～7月の同社の国際線搭乗客を世代別に分析した結果、日本路線は20、30代が49％に上ったと報じた。

日本文化が再び脚光を浴びたのは旅行だけではない。

「今日の韓国の映画館での予約率の順位です。１～３位すべて日本のアニメですね」

韓国の友人からスマホのスクリーンショットが送られてきたのは、２０２３年３月８日のことだった。予約率トップは「すずめの戸締まり」、次いで「THE FIRST SLAM DUNK」、3位は「『鬼滅の刃』上弦集結、そして刀鍛冶の里へ」である。友人は「ある映画関係者が、日本の作品がトップ3を占めるのは初めてだと言っている」と言う。「NO JAPAN」が完全に過去のものとなったことを物語る数字だった。「THE FIRST SLAM DUNK」の大ヒットと訪日旅行再開のタイミングが重なり、原作の舞台となった湘南海岸は韓国人に人気の観光スポットとなった。相模湾《さがみわん》沿いを走る江ノ島電鉄「鎌倉高校前」駅近くの踏切は、漫画に登場する実在の場所とあって、現場の写真や動画が韓国のインターネット上に溢れるようになった。

2023年6月のある週末、筆者は現地を訪れてみた。初夏の太陽に照らされた海辺をバックに江ノ電が走り抜ける場面をカメラに収めようと、登り坂に50人ほどの観光客が立ち並ぶ。20〜30代と見られる韓国人や中国人の姿が目立ち、女性3人組や男性グループの「ここか?」「わあ素敵!」という韓国語の歓声が耳に入ってきた。

韓国人観光客に声をかけてみた。ソウルから旅行で訪れた30代の女性会社員は、「THE FIRST SLAM DUNK」は見ていないものの、SNSでよく目にした場所に来てみたかったという。「ソウルから海に行こうと思ったら(最も近い観光地の)江陵《カンヌン》まで車で3時間かかるんですよ。でもここは東京から1時間半しかかからず、近くていいです」。国内旅行のような感覚で気軽に訪れたという語り口が印象的だった。

韓国ドラマや韓国映画のストーリーについて、韓国ではよく「反転に次ぐ反転」という表現が使われる。劇的な局面転換がたびたび起こることを意味する。実際の韓国社会においても、過去10年間で日本旅行ブーム、「NO JAPAN」、そして再び日本文化が人気を集めるという「反転に次ぐ反転」が起きたのだった。

公正・公平を重視、「不当」は容認せず

こうした一連の現象をどう理解したらよいのか。「NO JAPAN」に参加した人、しなかった人双方に尋ねてみた。

「輸出規制で不買運動がとても広がったのは事実です。私も参加していました。日本が嫌いだからというより、輸出規制が衝撃的な事件だったためです。不買運動はほぼなくなったと見てもいいですが、まだ余波は残っています」

2022年5月28日、日韓文化交流基金が実施した日韓大学生オンライン交流で、韓国・祥明《サンミョン》大学4年の金芙容《キムブヨン》さんはこう語った。筆者が、「NO JAPAN」やコロナ禍によ

って途絶えた民間交流は今後どうなるかと問うたことへの答えだった。

「衝撃的」とは、「日本に不当な目に遭わされた」ということを意味する。当時、韓国メディアではそうした報道が相次いでおり、韓国ギャラップが2019年7月9～11日に実施した世論調査（n=1005）で、「最近の韓日間の紛争の責任は韓国政府と日本政府のどちらにあるか」という質問に対し、19～29歳の74％が「日本政府」と答え、30代（79％）に次いで高かった。現在の若者たちは、韓国が国家的危機にさらされた1997年の通貨危機以後に教育を受けた世代である。生き残りをかけて幼少期から激しい競争を強いられているだけに、公平や公正、正義という価値観を重視する傾向が強い。こうした価値観に反し、不当だとして声を上げた例は過去10年間で見ても、客船セウォル号沈没事故（2014年）、朴槿恵大統領の弾劾を求めるろうそく集会（2016年）、平昌《ピョンチャン》冬季五輪における南北合同女子アイスホッケーチーム結成（2018年）、曺国《チョグク》元法相の娘の不正入試事件（2019年）など毎年のようにある。ここでは個々の件について詳細な説明は省くが、いずれも多くの若者たちがNOを突きつけた事例だった。金芙容さんの言葉にあるように、日本による輸出規制措置も「日本が嫌いだから」というより、「日本の措置は不正義で不当だ」と受け止められたのだった。

同時に、金芙容さんは「ただ、日本に行きたい人は多いと思います。私もいつも日本に行きたくて、日本食のお店に行ったりしています」とも付言した。不当だと感じたことは容認せず、「NO JAPAN」運動に参加した。一方で、文化は文化として切り離して楽しむ。こうした若者を筆者は韓国で数多く見ており、日韓関係に詳しい韓国の専門家からは「韓国では政治と文化交流を分けて考えるようになった」と好意的な評価をよく聞く。

幼少期から日本文化に親しみ

実は、不買運動への20代の参加率は一貫して高かったわけではない。先述のリアルメーターの「NO JAPAN」に関する世論調査は、2019年に計7回実施している。日韓間の対立が最も激しかったこの年8月7日実施の調査（n=501）で、19～29歳の参加率は57・6％と60代以上に次いで低かった。

不買運動に参加しなかったという会社員の朴ジミンさん（22）は筆者の2023年8月のインタビューで、知人などから参加するよう求められたか、という質問に「少しありました」と明かした。「親戚の50代の女性が日本を好きでなかったので」と言う。若者たちの参加率が大きく変動したのは、周囲からの呼びかけに左右された人もいたことを示唆しているのだろう。それでも不買運動に参加しなかったのは「日本の製品を使う人に対して無差別に非難するような人たちに、ただついていきたくなかった」と自身で判断した結果だったと語った。

当時高校3年だった朴ジミンさんがこうした考えを抱くようになった背景には、あまりにも身近になっていた日本文化の存在があった。幼い時から日本の漫画が好きで、「ONE PIECE」が絶大な人気を博した頃に育った。「そういう時に幼少期を過ごしているので、日本に対する反感がないのではないか」と感じている。慰安婦問題などの歴史問題では日本から謝罪を受けるべきだと考えているものの、「自分ができることはなく、誰に責任を問えばいいのかもわからない」とあきらめている状態だといい、政治的に日本の立場に理解を示しているわけではない。文化と政治とを切り離しているという意味においては、先述の金芙容さんと共通していると言えるかもしれない。

幼少期から日本文化に親しんでいるのは、MZ世代が初めてではない。韓国では90年代に「SLAM DUNK」が大流行し、当時、熱中していたのは現在の40代だ。

月刊誌『新東亜』2023年2月号はコラムニストのノ・ジョンテ氏による、主に40代の政治的スタンスを分析するコラムを掲載した。同氏は、「SLAM DUNK」に熱中するインターネット上の書き込みを冒頭で引用した。

「『NO JAPANなので、見るかどうか迷ったが、あまりに意味のある漫画なので見ないわけにはいかなかったです』。1月4日、あるインターネットコミュニティに掲載された『SLAM DUNKの映画を見てきた』というタイトルの書き込みの一部分だ。湧き上がる感動を抑えられなかったのか、この文の作成者は読者にお願いまでした。『皆さん、お時間があれば大きな画面と大音響で見てください』」

ノ・ジョンテ氏によると、このサイトの利用者は野党第一党である共に民主党の支持者が多く、2019年当時は「NO JAPAN」運動に参加したことを示す写真が数多く掲載されていた。上記の書き込みをした人は、その内容から当時、不買運動を支持していたことがうかがわれ、「『SLAM DUNK』NO JAPAN論争」を巻き起こした末に書き込みは削除されたという。書き込みをしたのは30~40代の男性ではないかと同氏は推測する。

現在の40代は、政治的には進歩的な傾向が強い。文在寅政権では岩盤支持層と呼ばれた一方、保守系の尹錫悦政権への支持は低い。ノ・ジョンテ氏の論考からは、日本文化に親しみつつも、政治的には日本への反感や拒否感もぬぐえないという葛藤を抱えていることがうかがえる。こうした点はMZ世代とは様相を異にする。

世代間の違いは、何に起因するのか。筆者は2つの点が挙げられると考える。ひとつは、現在の若者は幼少期から日本のコンテンツだと知った上で日本文化に親しんでいるが、40代以上の世代は漫画の登場人物などを韓国名に置き換えた状態で接したため、当初から日本のコンテンツだと知っていたわけではない人が少なくない。

もう1点は、若い時から現地を訪れ、肌感覚として相手国を知ることができたかどうかの違いがあるように思う。韓国で海外旅行が自由化されたのは1989年のことだ。現在の40代が学生だった当時、海外旅行は経済的な面でもまだハードルが高かった。こうして考えると、現在の若年層の日本への好感度の高さと訪日体験には、一定の相関関係があると言えるだろう。このことは第5章で詳述したい。

「韓日は対等」――グローバルな視点の中で見つめる日本

「NO JAPAN運動は、共に民主党に利用されたという意識が特に若年層には強いと思います。若い世代は外国人との交流も多く、考え方がグローバル化しつつあります。日本の植民地支配についても、日本がこれまで謝罪してきていることなどが少しずつ知られてきているようです」

韓国政治や日韓の文化に詳しい『中央日報』の柳成云《ユソンウン》記者は、筆者の問いにこう分析する。

この見方を裏づけるように、時代の変化を反映した世論調査結果があった。2015年の慰安婦合意と2023年の徴用工問題解決策に関して、筆者は韓国社会の受け止め方にやや変化があると感じた。

韓国ギャラップが慰安婦合意の約1週間後の2016年1月5～7日に実施した調査（n=1021）で、合意への好意的な評価は26％にとどまった。なかでも19～29歳は全世代で最も低く、わずか9％しか評価しなかった。合意を批判した元慰安婦や支援団体が「被害者の声を無視した合意だ」と主張したことで、不当な合意と受け止められたためだった。不当な措置を容認しない若者たちの姿勢については、すでに触れた通りだ。

それから7年後、韓国政府が日本企業による元徴用工への賠償を肩代わりするとの解決策に対して、解決策発表直後に実施された韓国ギャラップ調査（調査期間2023年3月8～9日、n=1002）で「賛成」と答えたのは35％に上った。野党が、韓国政府が一方的に譲歩した「屈辱外交」などと批判していた中、3割を超える人が評価したことに対して、日韓両政府の外交当局が「相当に高い数字だ」と驚くほどだった。18～29歳も30％が賛成と答え、30代（21％）、40代（20％）より高かった。

慰安婦問題と徴用工問題を単純に比較することはできない。長年、対韓外交に携わる日本政府関係者は「韓国で慰安婦問題は誰も批判できない聖域ですが、徴用工に対する同情の度合いは慰安婦とはまったく違います」と語る。元徴用工に対しては、韓国政府が過去2度にわたって補償しているという経緯もある。

とはいえ、日本の植民地時代に起きた歴史問題という点では共通している。

先に触れた「日本アニメが映画館予約率トップ3を独占」した日は、韓国政府が徴用工問題の解決策を発表したわずか2日後だった。「この影響で映画の予約率も落ちるのではないかと思っていたけれど、もはや『反日』は国民に通じないということのようです」と柳成云氏は見る。

2023年8月に始まった、東京電力福島第1原発の処理水の海洋放出をめぐっても、共に民主党など韓国の野党は「核汚染水」などとして放出に強く反対し、日本に批判的な姿勢をアピールしたが、国民的な共感を得たとは言い難い。先の朴ジミンさんは「科学的なファクトを見ると（海洋放出自体は）それほど問題になることではないというので。共に民主党はメディアを利用していると国民に映り、冷めた目で見ている」と話し、「NO JAPAN」のような盛り上がりには至らないだろうと淡々としていた。

日本に対する視線の変化として、「韓日は対等」という意識の広がりも指摘することができる。物心ついた時から日本との経済格差を感じずに育っており、日本を特別視しない傾向があるということだ。

2018年には日韓の1人あたり国内総生産（GDP）が肩をならべ、一部の統計では韓国が日本を追い抜いたとして両国で話題になった。この数字は円安による影響もあるが、経済力に差がなくなったことは明らかだ。国際的に韓国の存在感が大きくなっており、K-POPや韓国映画など韓国文化が世界的な人気を得ていることも韓国の自信につながっている。

前述の日韓共同世論調査で、「日韓は対等な関係になったのか」との質問に対し、「日本と韓国は、すでに対等な関係だと思う」との回答は韓国人の48・1%と半数近くに上った。118ページで触れたように日本人は27・8%で、韓国のほうが対等な意識が広がっているようだ。

祥明大学3年の朴ミンヒョンさんは2023年8月に筆者が行ったインタビューで、「私の周辺で、日本が先進国で我々が劣っていると考える人は見たことがないと思います。追いつかなければならないというコンプレックスはまったくありません」と語った。

「韓国の既成世代（中高年層）は日本に良くない感情がありますが、私たちにはないです。生まれた時から海の向こうに日本があって、文化コンテンツもたくさん入ってきて楽しんでいるので。若者で、日本のコンテンツを嫌いな人はいないと思います」

かつて日韓間の経済力に差があった時代は、日本に対して敵視と憧れが混在していたと聞く。そうした世代とはまったく異なり、対等な意識があるだけに身近なコンテンツのひとつとして気軽に楽しめるということだろう。朴ミンヒョンさんは「赤毛のアン」など日本のアニメが好きな母（48）の影響で日本の漫画を見ながら育ったといい、現在、大学で日本の近代史などの歴史研究に励んでいる。

最近の現象として、日本での韓国文化の浸透が韓国国内でも好感を持たれている側面もあるようだ。柳成云氏は、これが韓国での対日観の好転につながっているひとつの要素という見方を示す。

「中国が韓国文化を制限しているのに対して、日本では韓国ドラマやK－POPの人気があります。日本のこうした現象に自負心を持つ韓国の若者たちは、日本は敵ではなく友人だと考えているようです」

相手が好意を抱いてくれれば、誰もが悪い気はしないものだ。韓国で日本のアニメが人気というニュースが日本で好感を持たれるのも同様だろう。

韓国人も指摘する歴史教育の影響

これまで、今後の日韓関係を占う上でプラスの側面を中心に記してきた。とはいえ、今も韓国における歴史教育が影を落としていることにも触れておかなければいけないだろう。

実際にどのような教育がされているのか知りたいと、筆者はソウル駐在中、大手書店の学習漫画コーナーで子ども向けの韓国史の読み物を購入した。表紙に「青少年推奨図書」と記された『イヒョンセの漫画韓国史　すぐ分かる』（韓国歴史研究会監修、緑の杖社、2005年）を手に取ると、全12巻のうち、第10巻のタイトルは「日帝強占期と光復」だった。2013年の版で33刷に達していた。2023年10月にこの売り場を再訪した際も全12巻が書棚に並んでおり、長年にわたって子どもたちに読み継がれていることがわかる。

冒頭の人物紹介のうち、伊藤博文や日本の植民地支配に協力したといわれる人物はいずれも強面《こわもて》で、独立運動家として知られる韓国の英雄・金九《キムグ》などの表情は柔らかい。全11章のうち、第2章は「侵略者日本、韓半島を占領する」とのタイトルで日韓併合の不当性が強調されているほか、日本人が女子学生の髪をつかんでいたずらするシーンなどが描かれている。実際の学校現場でどの程度使用されているのかは不明だが、この本を読んで日本に好感を抱く子どもはまずいないだろうと複雑な気持ちになった。

ただ、教科書などの内容そのものより、子どもたちに強い影響を及ぼしているのは、教員などによる日本への批判的な認識の植えつけではないか、という声を韓国の若者自身から多数耳にした。

「幼い時から日本に侵略された歴史を学びました。日本への否定的な感情を教えてもらう感じでした。たとえば小学校1年生の時にいじめられた経験は大人になっても残りますよね。韓国人の心の中にある日本への不信感はそんなに簡単に解消されないと思います」（慶應義塾大学2年、男性）

「中学の時、日本統治時代に独立運動をして国を守るために戦った人たちに手紙を書くという必修のボランティアがありました」（慶應義塾大学2年、女性）

「学校の先生たちの労働組合は進歩的な団体で、反日感情を込めた教育が多いです。先生

から、一方的に日本は悪いと教えられました」(一橋大学大学院生、男性)

筆者自身もソウル駐在中、実際に経験した。

「昔、日本は韓国を侵略した。でも謝っていない。ただじっとしていただけなのに、叩いたら謝らなければならないでしょう？と教えました」

2015年の夏、筆者はその春まで長男が通っていた幼稚園の担任教諭と昼食をともにした。お世話になったお礼にと招いた席で、初めて聞く話になんと言葉を継いだら良いのかわからなかった。

30人ほどのクラスに、日本人は長男を含めて2人だけだった。教諭のこうした問いかけに子どもたちは「はい」と声をそろえ、日本人のクラスメイトである長男たちに「謝れよ」と突っつく子がいた。帰宅した後、「あの子たち（日本人園児）と仲良くしたいのに、仲良くしちゃいけないの？」と親に尋ね、対応に困ったという保護者から相談が来たこともあったという。

長男が通っていた幼稚園は日本人が多く住むソウル・二村洞《イチヨンドン》にあり、日本との関係についてどのように教えるかは教諭たちの悩みの種だったそうだ。幼稚園の玄関に竹島のポスターが貼られたことがあったが、筆者が日本人園児に配慮してほしいと伝えると、園側はすぐにその上に別のポスターを貼ってくれた。

長男の担任だった教諭は、過去の歴史を知った上で親交を深めることがグローバル時代には必要だと考えた、と筆者に説明した。ただ、長男たちに不憫《ふびん》な思いをさせたという気持ちから、授業ではその後、日本の良い点も教えたそうだ。

教育熱心な韓国では、保護者が積極的に歴史教育をする家庭もある。筆者は2014年、日本の植民地支配からの解放を祝う「光復節」である8月15日に、伊藤博文を暗殺した安《アン》重根《ジュングン》の記念館を訪れた。小学生くらいの子を連れた家族の姿が目立ったのが印象的だった。

このように、幼少期から日本に対するマイナスイメージを与えられている影響は無視できない。こうした認識が「NO JAPAN」運動の背景にあったことも確かだろう。日韓関係が改善傾向にあった2023年春、長年日韓関係に携わってきた日本政府関係者は筆者に対し、「小さい時から、ドラマや映画といった生活の中でしみついた『日本は悪いやつ』という認識はそう簡単に変わらないんじゃないですかね」と過度な楽観論をいさめた。

それだけに、相手国を肌で知る重要性は大きいと筆者は考える。

「日本はあまり良い国ではないと思っていましたが、日本を訪れるたびに良い国だと思うようになりました。今は、日本で就職したいと考えています」

先述の慶應義塾大学2年の男子学生は、日本を知るにつれて意識が変化していったと語る。こうした話を韓国の若者から聞くたびに、交流がいかに大切かと実感させられる。

『82年生まれ、キム・ジヨン』をめぐる男女対立

韓国の若者たちの実像について伝える際、欠かせないテーマがある。ジェンダー問題をめぐって男女間の対立が先鋭化していることだ。それが投票行動にまで表れていることは、本節の冒頭部分で触れた通りだ。

「20代の男性に限っては、政治とは関係なく韓日関係はよくならなければならないと考えていると申し上げられます。女性の方々はよくわかりません」

先に紹介した朴ミンヒョンさんが文在寅政権の対日外交は失敗だったと語るのを聞き、筆者が同世代の女性も同じような考えかと問うと、彼はこう答えた。「女性はわからない」とは、理解できないという意味ではなく、こうした議論を女性とはしたことがないという趣旨のようだった。それだけ敏感なテーマなのだろうと筆者は受け止めた。

若い男性たちは共に民主党への反感も強いという。何かきっかけがあったのかと尋ねる

と、朴ミンヒョンさんは2018年に展開されたフェミニズムのデモを挙げた。韓国の男性を卑下する言葉として「韓男」と書かれたプラカードなどが掲げられている姿を目撃したり、動画で見たりして男性が攻撃の的になっていると感じた。にもかかわらず、当時与党だった共に民主党はデモを繰り広げる女性たちを支援しているように映った。「共に民主党への強い反感のうち、少なくとも半分以上はジェンダー問題があったと思います」

2018年は、米国発で展開された「#MeToo」運動が、韓国でも女性たちの間で大きな広がりを見せた年だった。先述したように文在寅氏は「フェミニスト大統領」を掲げ、こうした運動にも理解を示した。それが男性には失望感を与えたのだった。

女性の生きにくさを描いた小説である『82年生まれ、キム・ジヨン』の受け止め方をめぐっても、男女間で大きな温度差があった。同書は出版3年後の2019年には映画化された。日本でもベストセラーとなり(邦訳は斎藤真理子訳、筑摩書房、2018年)、女性たちの共感を得た。しかし、韓国の男性たちは冷ややかな目で見つめていたのだった。

「実際起こりうることはあまりなく、小説は小説だと思います」

慶應義塾大学2年の男子学生が「『82年生まれ、キム・ジヨン』を読みましたが」と本に言及し、小説の中身はあくまでフィクションだと口火を切った。2022年8月18日、日本国際交流センターが東京都内で開いた「日韓・韓日ジュニアフォーラム」でのことだ。日韓の学生ら計22人が参加し、計4つのテーマのうちひとつがジェンダー問題だった。

この男子学生に続き、「(同書は)女性が被害者で男性は加害者だというフレームを作っています。これは私たちの親世代の話です」、「極端な話の集まりです」とほかの男子学生からも『キム・ジヨン』への拒否反応が次々に示された。韓国人の女子学生が「何が極端なのですか」と問うと、前述の慶應の男子学生は、子連れでコーヒーを買う母親にほかの客が冷ややかな視線を浴びせる場面を具体例として挙げ、「こんなことはあり得ません」と答えた。

フォーラムに参加した韓国人は、コロナ禍ということもあり、すべて日本に住んでいる若者だった。韓国を離れていても、ジェンダー問題への関心の高さが浮き彫りになった象徴的な場面だと筆者は感じた。韓国人同士の率直な議論に緊張感が漂い、このテーマで発言した日本人学生は2人だけだった。

今のところ、こうした韓国でのジェンダーをめぐる男女対立が日韓関係に影響を与えているようには見えない。ただ、投票行動に直結した政治テーマとなっているという意味で、注視しておく必要はあるだろう。

2　韓国社会の分断と「親日フレーム」（小針）

旭日旗をめぐる「騒動」

これまでも少し触れたが、尹錫悦政権発足後の韓国社会では、日本をめぐって、おびただしい変化があった。その経緯は第4章で詳述することとして、象徴的なことをひとつ挙げると、尹錫悦氏も出席したG7広島サミット（2023年5月19〜21日）の直後の5月29日、海上自衛隊の護衛艦「はまぎり」が自衛艦旗である「旭日旗」を掲げて、釜山港に入港したことだ。韓国側が主催する多国間訓練への参加のためであったから、韓国政府が受け入れるのは当然なのだが、文在寅政権下ではそうではなかった。

2018年10月、済州島《チエジユド》で国際観艦式があった際、「植民地支配の痛みをまだ記憶している韓国人の心に、旭日旗がどんな影響を与えるのか、日本ももう少し繊細に考慮する必要がある」（李洛淵《イナギヨン》国務総理）などと、韓国政府は旭日旗を掲揚しないように日本政府へ迫り、日本側は護衛艦の派遣を中止していた。

一方、中国では翌年4月、山東省青島《チンタオ》で国際観艦式があった時、中国政府は日本側へ何ら制限を付けなかった。護衛艦「すずつき」は旭日旗を掲揚して青島港に入港でき、中国側の報道は好意的ですらあったという（時事通信、2019年4月25日）。国際観艦式で旭日旗が拒否された例を他国では聞かない。それだけに、旭日旗掲揚の不許可は、文在寅政権の「反日」ぶりを象徴するもののひとつとして、日本では受け止められていた。

翌月、日本の外務省は「国際社会においても広く受け入れられている」と強調した旭日旗の説明文をホームページに掲載した。そこには、青島港に入港した「すずつき」、フランスの軍事パレードで陸上自衛隊の部隊が旭日旗を掲げたパリのストリート（2018年）だけでなく、かつては旭日旗を掲げた海上自衛隊の艦艇を韓国政府が受け入れていた釜山港の模様（1998年）の写真などが載っている（「旭日旗」、外務省ホームページ）。これに対して、韓国の外交部は「旭日旗が周辺国家に過去の軍国主義と帝国主義の象徴と認識されている点は日本側もよく知っていると考えている」と、反論までした（時事通信、2019年5月27日）。

つまり、文在寅政権当時の韓国政府の旭日旗への見解は「過去の軍国主義と帝国主義の象徴」であった。旧日本軍の軍旗として使用されたこともあるという過去の経緯からだ。中国政府も異論を出さなかったように、自衛隊旗として国際的に認定されている点、韓国政府自身が過去には旭日旗を掲げた艦艇を何度も受け入れてきた点は度外視された。

旭日旗が韓国社会で大きく問題視されるようになったのは、比較的、新しい現象だ。韓国紙のデータベースなどを使った、神戸大学教授の木村幹《かん》氏による実証的な研究によれば、１９９０年代以前は旭日旗に関わる言説がほとんど存在しなかった。「日本の軍国主義復活」と関連する報道で、有力紙の記事で旭日旗が出てくるようになったのは、２０１０年代、とりわけ２０１２年以降である（木村幹『歴史認識はどう語られてきたか』）。だからといって、旭日旗に対する抵抗感が韓国社会で存在しなかったとは言えない。しかし、少なくとも報道されるほどの政治的、社会的な「騒動」にはなっていなかったと言ってよいだろう。

韓国社会で旭日旗が問題視されるようになったことを、日本社会で印象づけたのは、２０１１年１月25日、カタールにて開催されたサッカーアジアカップ準決勝の日韓戦での「騒動」だった。韓国代表の奇誠庸《キソンヨン》選手が猿のようなしぐさをしたことに端を発する「騒動」である。試合後、日本人を揶揄《やゆ》するものだと、日本だけでなく韓国国内でも批判が出ると、同氏は自らのツイッター（現X）に「観客席にある旭日旗を見て涙が出た」と書いたのだ。このことは、同27日付の『朝日新聞』と『読売新聞』、共同通信電を引用した

『日本経済新聞』などが報じた。当時、日本のワイドショーでも盛んに取り上げられた。
『日本経済新聞』は1月26日の電子版でも、この「騒動」を自社の記者が速報していたが、「旭日旗は韓国人にとって、日本の軍国主義を象徴する存在。歴史問題をとりあげて弁明したものと受け止められている」と解説している。日本でも、この頃から韓国で旭日旗が「日本の軍国主義復活」と見做《みな》されていることを報じる記事が増えていく。

実は、２０１２年９月にも韓国南部海域で実施の多国間訓練の際、旭日旗の掲揚を理由にして自衛艦の釜山港寄港を韓国が拒否するということがあった。大統領であった李明《イミョン》博《バク》氏が竹島へ行った翌月のことだ。この時は、米国の仲裁で自衛艦の寄港が不要となる訓練シナリオへ修正され、「日本不参加」という事態は免れたためか、報道は限定的だったが、『産経新聞』（２０１２年９月25日付）はこれを報じた。「サッカーなどで日本の応援団の『旭日旗』を軍国主義復活と非難する声が多く、『旭日旗を艦旗にした自衛艦の寄港に過剰に敏感になったのでは』（同筋）との見方もある」という内容だった（引用文の「同筋」とは日本大使館筋のこと）。

この記事を書いた黒田勝弘氏は、国際報道で優れた業績を挙げたジャーナリストに贈られるボーン・上田記念国際記者賞も受賞（１９９２年）している有名な記者で、韓国での旭日旗をめぐる「騒動」を最も多く発信している韓国在住歴40年のジャーナリストだ。「産経新聞データベース」で検索可能な1992年9月7日から2024年6月25日までの間、黒田氏が旭日旗に触れて書いた記事（東京本社版）を調べると、27本に及ぶ。そのうち、2012年よりも前の記事は2本だけで、その2本も韓国国内での旭日旗をめぐる「騒動」という文脈のものではない。ここからも、「旭日旗問題」が比較的に新しい問題であることがわかる。

韓国社会は2012年頃から、黒田氏の言葉を借りるならば、「旭日旗でなくても陽光（旭日）デザインを見ただけで『日本軍国主義を連想させる。ケシカラン！』といって抗議したり非難したりする、奇妙な風潮になっている」（『産経新聞』2020年9月15日付）のだ。つまり、旗でなくても陽光をデザインしたものへと対象が拡大して、その異議申し立てが韓国社会から発信され、「騒動」になっていた。これも同氏の言葉なのだが、「パブロフの犬」みたいな病的条件反射と言ってよい、次のような事象に異議申し立てが提起された。

たとえば、日本代表の女子体操選手がロンドン五輪で使用した朝日をあしらったデザインのユニホーム、扇形のイメージをデザインにした東京パラリンピックのメダルなど、日本が関与するものだけではない。北アイルランドで販売されていた寿司弁当の赤い朝日のロゴ、陽光をデザインとしたニューヨークの銀行ビルの壁画、フィリピン系アメリカ人のインフルエンサーの腕に彫られた旭日模様のタトゥー、カナダの人気歌手ジャスティン・ビーバーが着用した旭日模様のジャケット、米有名バンドMaroon5が公式ホームページで使用する旭日デザインなど、第三国のものまで問題視された。

「鬼滅の刃」をめぐる文化コンテンツ修正

旭日旗をめぐる「騒動」で、日韓間の大衆文化交流という意味で考えさせられた事象は、映画「劇場版『鬼滅の刃』無限列車編」が2021年1月に韓国で公開された時の出来事だ。主人公（竈門炭治郎《かまどたんじろう》）の耳飾りが旭日旗に似ていると、やり玉に挙がったのだ。公開前からインターネット上などで論争となり、結局、配給側は、耳飾りの旭日模様を横線に修正して上映した。同年2月からの韓国のNetflixでの「鬼滅の刃」テレビ版配信でも、同様の措置が取られた。

「鬼滅の刃」は吾峠呼世晴《ごとうげこよはる》による漫画で、その単行本（集英社）の韓国語版（鶴山文化社）も全23巻のすべてが出版され、ベストセラーになっていた。それだけに、映画も封切り前から注目されていた。

映画とNetflixの両方で、耳飾りの旭日模様が修正された話は、当時、日本でも大きく伝えられた。そして、その日本での反応が韓国へも伝わった。いずれもネガティブなトーンである。次第に、「韓国での「反日」言説（行動）→韓国発の「反日」報道→日本での「嫌韓」言説（行動）→日本発の「嫌韓」報道→韓国での「反日」言説（行動）……」といった、「負のスパイラル」にハマっていった。

映画の韓国での観客動員数は218万人を突破するほどの人気だった。表5のように、これまで韓国で上映された日本のアニメ映画の中で5番目に多い。本来ならば、「戦後最悪の日韓関係」といわれる時期に、これだけの韓国人が日本の大衆文化を楽しんだのだから、映画のヒットは微笑ましい構図のはずだ。

ところが、そこにナショナリズムが介入し、文化を「文化」として楽しめない空気が生まれてしまった。しかも、そのナショナリズムは理解し難い種類のものだ。不幸な歴史を美化するような内容や表現が含まれている作品であれば、理解もできるが、そうではない。そもそも、その耳飾りは旭日旗なのか。旭日模様を使わせないことに正当性はあるのか。ましてや、原作者と映画の制作者側に「日本の軍国主義復活」の意図などあるはずもない。

表5　過去20年間に韓国で上映された日本アニメの観客動員ベストテン（2024年5月22日現在）

順位	映画名	制作年	監督	観客動員数
1位	すずめの戸締まり	2022	新海誠	5,576,058人
2位	THE FIRST SLAM DUNK	2022	井上雄彦	4,877,924人
3位	君の名は。	2016	新海誠	3,914,588人
4位	ハウルの動く城	2004	宮崎駿	2,614,043人
5位	劇場版「鬼滅の刃」無限列車編	2020	外崎春雄	2,189,110人
6位	君たちはどう生きるか	2023	宮崎駿	2,015,965人
7位	崖の上のポニョ	2008	宮崎駿	1,518,188人
8位	借りぐらしのアリエッティ	2010	米林宏昌	1,068,004人
9位	映画クレヨンしんちゃん　謎メキ！花の天カス学園	2021	髙橋渉	837,755人
10位	天気の子	2019	新海誠	756,687人

韓国映画振興委員会（KOFIC）の映画館入場券統合電算網の集計による数値で、KOFICのデータベースより作成。なお、同電算網が導入（2004年1月）される前の2002年6月に初上映された「千と千尋の神隠し」（2001年制作、宮崎駿）は、『ソウル新聞』電子版（2023年1月28日付）など複数の韓国メディアの報道によれば、216万人規模の観客動員数を記録した（同電算網によれば、2015年の再上映では159,757人を動員）。

後述する「親日フレーム」というレッテル貼りの蔓延《まんえん》が背景にあるのだ。

「劇場版に続いてNetflixも、韓国の『旭日旗狩り』の犠牲になったのだ」（「韓国『鬼滅の刃』で〝旭日旗〟に非難、Netflixで『炭治郎の耳飾り修正』のご都合主義」、『デイリー新潮』2021年3月9日）という受け止めが、日本のネットメディアで出てくるのは自然なことだった。一方、韓国メディアはこうした反応を「不当」であるというトーンで報じた。

たとえば、この『デイリー新潮』の記事に関して、その日のうちに、テレビ局JTBCのサイトは「反省のない日本…『鬼滅の刃』、『旭日旗狩りにあった』」というタイトルを付けて、「わが国で日本アニメの劇中で旭日旗シーンが消えるや、日本のメディアがこれを非難した。現地時間9日、日本の極右メディアである『デイリー新潮』は『日本の歴代アニメーション映画の興行記録を塗り替えた「鬼滅の刃」が韓国反日勢力から矢面に立たされている』と報道した」と伝えている。

そして、もうひとつ残念なことは、文化コンテンツへ人為的に手が加えられたことだ。メディア研究家の衣輪晋一《きぬわしんいち》氏は、この「騒動」の当時、日本のアニメ作品などを「日本で出版されたまま、放映されたまま観《み》たい」という人が多くなっているとの、韓国・台湾の日本アニメ受容に関する研究をしている専門家（山元貴継氏）の話を受けて、次のように論じていた。「むやみな変更は作品のファン（＝顧客）のニーズと乖離《かいり》するリスクも生じさせる。また必要以上の配慮は作品内に込められたメッセージを汲《く》み取りづらくする恐れもある。今後も日本のコンテンツを世界に届け、多くの人が楽しむためには、より深い議論が必要だろう」（「韓国版『鬼滅の刃』デザイン変更は適切だったのか？〝現地化〟の課題」、『ORICON NEWS』２０２１年４月10日）。

韓国社会で「旭日旗問題」が新しい問題であるとこれまでに書いた。ただ、パンク・ロック音楽のバンドによる旭日旗を引き裂くパフォーマンスや、歴史問題をめぐる市民団体による旭日旗を燃やす示威行動などは、以前からあった。韓国人が旭日旗への拒否感を持ってきたのは事実だ。また、サッカーの国際試合の会場などへ「軍旗」が持ち込まれることの違和感も理解できる。スポーツの日韓戦で、これ見よがしに旭日旗を持ち込むのも友好的な行動とは言えない。そうであるにしても、単に旭日模様があるだけで、文化コンテンツが修正に追い込まれて、しかも隣国の文化を「文化」として楽しむ自国のファンのニーズまで奪ってよいのだろうか。

BTSと秋元康氏とのコラボを撤回させた韓国ファン

「鬼滅の刃」をめぐる「騒動」があった2年以上前に、日韓間の文化と政治に関して、次のような話が『朝日新聞』の社説（2018年10月8日付）に載っていた。

「市民同士のつながりを支えてきた文化面では最近、ショッキングな出来事があった。／秋元康さんの作詞で韓国の男性グループ、BTS（防弾少年団）が出そうとした新曲の発売が急きょ中止に。秋元さんを『右翼的だ』といった批判がSNSで展開されたためだ。

／Ｋポップに詳しいジャーナリストの古家《ふるや》正亨《まさゆき》さんは『文化に政治やナショナリズムを持ち込もうとする新たな動きが、日韓双方に出始めている。とても心配だ』と語る」

これは、秋元氏が作詞を手がけて11月にＢＴＳの新曲「Bird」が日本で発売予定だったところ、ＢＴＳのファンクラブから激しい批判があり、発表からわずか3日後にこれが中止になったことを指す。この一件は、当時、日本の全国紙の中では、同紙と『産経新聞』（２０１８年10月7日付）だけが取り上げていた。『朝日新聞』は、これより前の9月18日付（夕刊）でも「新曲の作詞に秋元氏を起用したことについて、韓国ではＢＴＳファンから『秋元氏は少女を商品のように扱う』『演出に旭日（きょくじつ）旗を使う右翼』と批判する声がＳＮＳなどに多数上がっていた」と伝えていた。

本件について触れている菅野朋子氏の『韓国エンタメはなぜ世界で成功したのか』（前掲）によれば、女性を卑しめるセクハラ的な歌詞がこれまで秋元氏が作詞した楽曲にあるとする主張も、ＢＴＳファンの間で見られたそうだ。秋元氏が作詞した曲をめぐっては、日本でもかねてより女性差別的であるとの指摘がなされてきた。たとえば、２０１６年４月に発表されたＨＫＴ48の楽曲「アインシュタインよりディアナ・アグロン」の歌詞と関連して、コラムニストの勝部元気氏は「『女の子は頭からっぽでいい』がクールジャパンなのか？」（『ハフポスト日本版』２０１６年４月20日）で、その女性蔑視性を鋭く批判している。

そして、「韓国のファンの反対の理由には、安倍晋三首相（当時）との深いつながりを理由に挙げている人が多く見られた」と、菅野氏は指摘する。

確かに、秋元氏は安倍氏と昵懇《じっこん》だったようだ。「新春対談　安倍晋三首相×作詞家・秋元康氏　アイデアと勇気、世界変える」という企画記事（『産経新聞』２０１４年１月１日付）にも秋元氏は登場している。これを読むと、両者の親密さが伝わってくる。

秋元氏が「首相の指針は分かりやすい。『アベノミクス』。子供でも使いたくなるような言葉です」と語る。すると、安倍氏が「子供のころ、テレビ番組は半分ぐらいアメリカの番組でした」という話を出し、「豊かさにたまげました。コーラも薬みたいな味だと思っていたのが、だんだんおいしくなって。アメリカのソフトパワーでライフスタイルが外に広がり、アメリカのモノを買うことにつながった。／韓国も力を入れてますね。いろんな補助金を出しながら。韓流ドラマを日本やアジアで見て、そこに韓国車が出てクールになっていく。日本もいいコンテンツがありますが、政府が考えると、なかなかうまくいかかない。秋元さんのようなアイデアでクールジャパンを広げたい」といった具合だ。秋元氏が、安倍氏から韓流を含む大衆文化への視点を引き出しているのも面白い。

ただ、この対談を読んで、秋元氏に「右翼」性を感じたり、安倍氏へヨイショ（？）する程度のことはあっても、過度に迎合しているような発言は見られなかった。この記事に限らず、過去に秋元氏が韓国を見下すような発言があったかを調べても、後述するが、そのようなものはない。

在日韓国人のライター愼武宏《シンムグアン》氏は、「ＢＴＳと秋元康コラボ中止騒動に違和感。韓国で〝右翼判定〟されてしまう日本の芸能人たち」（『Yahoo! ニュース』オーサー記事、２０１８年9月27日）で、「秋元氏のこれまでの仕事をしっかり調べれば氏が決して韓国に否定的ではなく、むしろ好意的であることはすぐに気づくはずだ」と、書いている。日韓両国でヒットした映画「着信アリ」シリーズの原作・企画は秋元氏であり、完結編「着信アリFinal」（２００６年）は舞台が韓国で、ブレーク前のチャン・グンソクを起用した。東京ドームにイ・ビョンホンら韓流スターを登壇させ、恋愛映画の巨匠ホ・ジノ氏が映像監督を務めた「韓流フォーカード」で総合プロデュースをしたのも秋元氏だったという。

愼武宏氏は通訳として企画段階から同氏と接する機会があったそうで、「忙しい合間を縫って何度もソウルを訪れては俳優たちと個別ミーティングの席を設け、それぞれの特長や魅力を引き出そうと韓流スターひとりひとりと真摯に丁寧に向き合う秋元氏の姿勢には頭が下がった。韓国滞在中は東大門市場などで食べるB級グルメも好み、庶民とのふれあいや世間話を楽しむ姿に親近感も感じた」としている。

おそらく、BTSとのコラボレーションにおいても、秋元氏はもちろん、日韓両国の多くの関係者が水面下で綿密な共同作業をしていたのだと思う。

「鬼滅の刃」のような文化コンテンツの「修正」どころか、これは「撤回」であった。しかも、コンテンツそのものではなく、コラボレーションの相手への疑念である。

当時、第1章で前出のARMYが、BTSのファンクラブとして「右翼作詞家とのコラボレーションを直ちに中止するよう要請し、関連資料の全量廃棄を要求します」という声明をBTSの所属事務所 Big Hit Entertainment（現HYBE）へ発信し、これがSNSで拡散された。

これを読むと「問題状況」の項目には「9月13日朝、防弾少年団の日本でのニューシングルアルバムタイトル『Bird』の作詞家が報道されました。報道された作詞家秋元康は右翼性向が濃い安倍政権の政策に主導的に参与する人物です」とだけ、書かれている。秋元氏が女性蔑視的であるという主張はない。

次の「要求事由」という項目は、「韓国が日帝強占期に日本から受けた被害は絶対に忘れることができず、これは大韓民国の国民が皆知っている事実です」で始まるものの、秋元氏が過去の歴史を否定しているとか、美化しているとかは書かれてはいない。「このまま曲が発売されるならば、大衆たちが防弾少年団を右翼または親日性向を帯びたアーティストであると認識する可能性が大きいです」などとして、「このコラボレーションは必ず霧散しなければなりません」と要求している。さらには、「直ちに撤回する内容以外のフィードバックは受け入れられません」という、取りつく島もない小見出しも付いている。

もし、秋元氏の過去の発言などで、植民地支配への賛美、領土問題での強い主張、韓国や韓国人への侮辱があって、それを理由に挙げて「撤回」を要求しているのであれば、それなりの説得力もあるだろう。

秋元氏に関する韓国メディアのそれまでの報道ぶりを検索したところ、否定的なものは皆無だった。ファンクラブが指摘した「右翼作詞家」の片鱗もない。

むしろ、一流プロデューサーとしての同氏に一目置く報道が多い。韓国文化産業交流財団などが主催する「アジアソングフェスティバル」出席のために来韓し、韓国のガールズグループを絶賛し、アジア各国の音楽の多様性を強調した記事（『STARNEWS』２０１０年10月22日付）であるとか、韓国メディア（通信社）の東京特派員による韓流ブームの持続性に関してのインタビュー記事（聯合ニュース、２０１０年11月２日）などが散見される。

このインタビューで、同氏は次のように語る。「韓国のガールズグループは、歌とダンスが圧倒的に素晴らしい。『会いに行けるアイドル』をコンセプトにしたＡＫＢ48は、東京・秋葉原に作った専用館『ＡＫＢ48劇場』で毎日公演した。ダンスもできず、実力も秀でていないが、成長過程をドキュメンタリーのように見せて親しみやすさを武器に、男性ファンへアピールした。ところが、少女時代、ＫＡＲＡ、4Minuteなどは、完璧なダンスと音楽によって、日本女性たちの憧れの対象になったではないですか」と、Ｋ－ＰＯＰアイドルをリスペクトしていることがわかる内容だった。

さらに、同氏が書いた『象の背中』は２００８年に絵本版、２０１０年に小説の単行本が韓国語で翻訳出版され、この物語を肯定的に評価する書評も複数の韓国紙に掲載されている。この小説を原作にしたドラマまで２０１２年に韓国の放送局で、「ハッピーエンディング」と題して制作されており、このドラマに関する記事のどれにも「原作：秋元康」がはっきりと記されている。韓国の人々が、これらの小説やドラマを「文化」として楽しんだことがうかがえる。

ところが、ファンクラブは安倍氏に近いことに力点を置き秋元氏の意向を問題視し、同氏との共同作業で誕生する文化コンテンツの撤回を、Big Hit Entertainment へ求めたわけだ。同氏にネガティブな報道がなかったことは、同事務所も把握していたはずで、寝耳に水であっただろう。ところが、その撤回要求を関係者は受け入れてしまった。

ＢＴＳのファンであるＡＲＭＹは「ファンダム内部の熱いコミュニケーションを通じて莫大《ばくだい》な情報と理解を蓄積するのみならず、新たな課題が登場すると、知力を結集して正確かつ迅速に答えを見つけ出す」（前掲『ＢＴＳ　オン・ザ・ロード』）という評価がある。ただ、この撤回要求は「正確」とは言い難い。撤回要求が盛り込まれた声明は、署名などがあるわけではなく、ＡＲＭＹ全体の意見であったかどうかは不明である。

対照的であったのは、この1カ月後に発生する原爆投下によるキノコ雲の写真があしらわれたＴシャツをＢＴＳのメンバーが着用したことが明るみに出た事件（第1章を参照）での、ファンの動きだ。その際は、「ＡＲＭＹ全体の意見や立場を代表するものではありません」との注意書き入りで、事件の経緯、日韓両国での反応、ファンからの反響、事務所の対応などを整理・分析した「白書」（英語１３２ページ、韓国語１０８ページの分量）が、ファン30名ほどの連名で発行されている。ARMYも多様なのだろう。

ともあれ、前出の慎武宏氏は「違和感どころか失望感を覚えてしまう」と書いていたが、隣国同士のコラボレーションを楽しみに感じていた人もいたはずである。しかも、韓国を代表するアーティストと日本を代表するプロデューサーによるものだ。文化を「文化」として楽しみたい人々のニーズが奪われてしまったことになる。

「ネロナムブル」と「陣営論理」

2023年8月15日、尹錫悦大統領の父である尹起重《ユンギジュン》・延世《ヨンセ》大学名誉教授が亡くなった。日米韓首脳会談を3日後に控えていた時期だった。その際、ベテラン歌手の盧士燕《ノサヨン》氏が姉と一緒に弔問に訪れた。これが報じられると、同氏は野党第一党である共に民主党の李在明《イジェミョン》代表を熱烈に支持する「ケッタル（「改革の娘」という意味の略語）」と呼ばれるグループの会員たちから、SNS上で口汚く罵られるという出来事があった。

「正気なのか」、「覚えておくからな」、「正体を現したな」、「放送に出るのをやめろ」といった文言だ。尹錫悦氏が当選した大統領選時の候補者番号が「2」であったことから「2番投票認定だな」とのレッテル貼り、同氏が脱「反日」政策を取り、尹起重氏が一橋大学客員教授を務めたこともあったからか、「民族反逆者の一族に気に入られたくて尻尾を振っている」といった誹謗《ひぼう》中傷などである。

盧士燕氏は90年代初めに大ヒットした「マンナム（出会い）」で有名で、同じく国民的歌手である叔母の玄美《ヒョンミ》氏が同年4月に亡くなった際、大統領が弔花を贈ってくれたこともあり、答礼の意味からも弔問したようだ。

大統領選の時から盧士燕氏は「尹錫悦支持」を明らかにしていたのは事実だが、その大統領を自分たちは支持できないからと言って、レッテル貼りと罵詈雑言《ばりぞうごん》で攻撃したわけである。数日後には、盧士燕氏の父親が李承晩《イスンマン》政権当時、当局側の立場で民間人の虐殺を主導したという一部報道まで持ち出された。

ところが、共に民主党は、党としてケッタルをいさめなかった。それでも、「いくら憎くても亡くなられた方に対しては、人としての道理を守るべきだ」と指摘する同党所属議員はいた。これをフェイスブックに書いた李元旭《イウオンウク》議員は、ケッタルから袋叩きに遭った。

一方の与党・国民の力は、姜旻局《カンミングク》首席スポークスマンが「ケッタルたちの度を超えた露骨な非難、共に民主党と李在明代表は沈黙せずに、厳しく対処して公党の責任をはたせ」という公式論評を8月18日に発表した。「果たして自由民主主義国家の正常な姿なのだろうか。熱烈な野党支持層のこうした姿は、今回だけでない。張美蘭《チャンミラン》選手が文化体育観光部第2次官に任命された時も、あらゆる卑劣な言葉とまったく根拠がない侮辱的な非難で、長官や次官を中傷した」という内容だった。

張美蘭氏とは「重量挙げの女王」と呼ばれる金メダリスト（2008年北京五輪）であり、試合でライバルへエールを送る姿勢からも、国民的好感度が抜群の人物だ。引退後は博士号（スポーツ行政学）を取得し、龍仁《ヨンイン》大学体育学科教授に在職していたが、尹錫悦政権は同氏を2023年6月の内閣改造で文化体育観光部第2次官に抜擢《ばってき》した。その時も、熱烈な野党支持者が、「2番投票だったのか」、「親日派転向」、「重量挙げの選手ごときに何がわかるのか」、「スポーツ選手が脳まで使ったら大変だろ」といった差別的な言葉を、SNS上で浴びせたのだ。

スポーツ選手の次官任命を「政権の人気取りだ」という批判はあり得る。ただ、文在寅政権も水泳の大スター選手であった崔允喜《チェユンヒ》氏を2019年に同じポストへ任命している。「自分がやればロマンス、他人がやれば不倫」を意味する「ネロナムブル」という韓国語の造語がある。文在寅政権期の韓国社会で特に使用頻度が増えた言葉だ。当時の政権・与党は、過去の軍事政権下での弾圧に抗《あらが》ってきた人たちが中枢を占めていたのにもかかわらず、野党の反対を押し切って多くの政策が強行された。この人たちは権力を握ると、自らへの批判には不寛容だった。同政権下では「自分がやれば改革、他人がやれば弾圧」となるような姿勢が多く、転じて「ネロナムブル政権」などと揶揄された。

今度は野党に転じると、「ネロナムブル」の姿勢で「自分がやれば良い人事、他人がやれば悪い人事」という思考なのか、国民的なスポーツ選手を起用する人事に反対したのだ。つまり、気に食わない人事を批判するためには、論理を無視した批判が飛び交うのだ。

文在寅政権期の与党だけではなく、尹錫悦政権の与党も、野党時代の主張とは異なる姿勢を見せるので、「ネロナムブルだ」と批判を浴びることがある。たとえば、閣僚レベルの人事の場合、国会人事聴聞特別委員会での与野党の合意形成（「人事聴聞経過報告書」という文書の採択）を経てから、大統領が任命するのが慣例である。文在寅政権で、与野党の合意を無視した人事を大統領が強行した際、国民の力は野党として非難していたのに、政権交代で与党になると、「人事聴聞経過報告書」の採択をせずに任命を連発しているのだ。

なぜ、こんなことがまかり通るかといえば、保守陣営か進歩陣営かという、「陣営論理」によるものだからである。韓国社会で使われるワーディングで、保守陣営は保守の立場だけで、進歩陣営は進歩の立場だけで、自己主張するような状況を指す。

盧士燕氏も、張美蘭氏も、相手陣営の肩を持つ人物なので、その資質や中身を吟味することなく、自陣営としては叩いても構わないという発想になるのであろう。有名人が政治家の父親の葬儀へ行ったことや次官ポストを受けたことを、自陣営の立場からの「陣営論理」によって、過度に政治的な意味付けをしたということだ。

これと関連して、文在寅政権下で特に広まったのは、「親日フレーム」という言葉だ。野党であった保守陣営が日米韓協力などを主張すると、政府与党を支持する進歩陣営が「陣営論理」によって、日本との接点を材料に枠（frame）で囲って、「親日」のレッテルを貼る。同政権下で常態化し、尹錫悦政権になったら、野党となった進歩陣営が、政府与党を攻撃する際に同様のことをしている。こうした進歩陣営の行為を、メディアは「親日フレーム」と評している。

「韓流好きの日本人が多いから大丈夫」という楽観論と「負のスパイラル」

「右翼作詞家」のレッテル貼りをされた秋元氏は、韓国社会での評価はそのままなのだろうか。調べてみると、必ずしもそうではない。

社団法人韓国文化産業フォーラム（文化産業分野の代表的な企業家、学者、専門家で構成する団体）が主催する世界文化産業フォーラムの第2回アワード（2021年）が、秋元氏へ贈られているのだ。この賞は、音楽・エンターテインメント産業に貢献した人物へ、年に1～2名に贈られるものだ。YouTubeで公開されている授賞式（コロナ禍のためオンライン）の様子を見ると、「アジア最高のプロデューサーである秋元康先生」と議長が紹介し、AKB48のプロデュースなどで世界のエンターテインメント産業の発展に寄与している点などの授与理由を述べている。秋元氏も「本当に光栄に思っています。ありがとうございます」とお礼を言い、10分近くのスピーチをしている。

この映像を見ると、一部のレッテル貼りにもかかわらず業績への正当な評価で授与する側、長い歴史があるわけではない賞であっても快く受諾した受賞する側の双方が、リスペクトし合っているムードが感じられる。

つまり、レッテル貼りや「親日フレーム」の政治利用に対して、韓国国内でも批判が出てくるのと同時に、極端な動きを無視して、文化コンテンツやそれを作った人への正当な評価が出てくるのも韓国社会であると言ってよい。実は、秋元氏の「右翼作詞家」のレッテルも、ほかの日本人芸能人の「右翼説」も、「騒動」以降は騒がれず、一過性の出来事だった。したがって、不当な「騒動」が発生しても、過剰に反応をする必要はないだろう。

ところで、若者を中心にして韓国文化好きの日本人が増えたので、日本と韓国の関係の行く末を楽観視する向きもある。厳密にカウントしたわけではないが、日本側よりも、韓国側のオピニオンリーダーに意外と多い。だが、これを楽観視したり、過大評価したりするのは、無理があるように思う。

日本社会で韓国文化好きが増加している時期に、皮肉にも、韓国社会では「親日フレーム」現象が拡大した。あまりに非対称の動きだ。

本来、韓国における「親日」は、植民地時代に当時の大日本帝国へ協力した行為を指す言葉として古典的に使われてきた。「親日派」は民族反逆者といった侮蔑の意味も帯びている。現代日本への好意、親近感、接点を指す意味では必ずしもなかったが、文在寅政権下で社会の分断が深化し、いまや現代日本へ宥和的な姿勢や日米韓安保協力に理解を示すだけで、「親日派」や「土着倭寇《わこう》」（「日本を賞賛する土着人」を意味する造語）という用語が使われるようになってしまった。少なくとも20年近く前には、韓国の政界は、それが韓国国内に向けて使われる言葉であるにしても、日韓交流や対日関係への悪影響を懸念して、ネガティブなニュアンスでの「親日」という用語に慎重だった。

盧武鉉政権下の2004年3月、韓国の国会では日本の植民地支配や朝鮮独立運動弾圧に協力した自民族の行為を調査し、情報の公開と資料を保存することが目的で、「日帝強占下・親日反民族行為真相究明に関する特別法」を成立させた。ところが、同年12月、当時の与野党で協議の結果、この法律の改正案が国会を通過し（翌月に施行）、名称から「親日」を削除し、「日帝強占下・反民族行為真相究明に関する特別法」とした。当時、民族主義的な市民団体は削除に反対したが、日本の国会議員、外務省、研究者などからの非公式的な要請を背景に、韓国の政界が対日関係への悪影響を懸念した結果の判断と言われている（小針進「盧武鉉政権の対日政策と市民社会の対日認識」、小此木政夫・西野純也編『韓国における市民意識の動態Ⅱ』を参照）。

20年近くの歳月を経て、政界だけでなく、メディアを含めて、ネガティブな意味を込めた「親日」という言葉の使い方が及ぼす隣国との関係での悪影響に無頓着となってしまった。隣国で自国文化のファンが増えているにもかかわらず、それが考慮されずに使われている。無神経ともいえる現象だ。「土着倭寇」という実態のない言葉も、嫌悪表現として韓国社会で市民権を得てしまった。日本や日本人と関連する用語が、嫌悪表現としてこれほど使われている社会はほかにないだろう。

これらは韓国社会での嫌悪表現にとどまらない。日本社会における韓国への「眺め」にも悪影響を及ぼす。「親日フレーム」など、韓国で起こっていることは、ほぼリアルタイムでインターネット（韓国紙の日本語電子版などの報道）を通じて、日本に伝わる構造がある。日韓間の「眺め合い」には、［韓国発の「反日」報道→日本での「嫌韓」言説（行動）↓日本発の「嫌韓」報道↓韓国での「反日」言説（行動）↓韓国発の「反日」報道↓……］といった「負のスパイラル」が連動している。

つまり、韓国文化好きが増えるだけでは、状況は変わらない。「負のスパイラル」が別途に稼働させる事象が断ち切られない限りは、日韓間の総合的な安定には至らない。

ここでは、韓国での「反日」言説（行動）ともいえる、「親日フレーム」を例に出したが、日本での「嫌韓」言説（行動）が表出する場合も同様である。

たとえば、徴用工問題で外交対立が頂点となっていた頃、韓国側の不合理な動きを、「韓国は法治国家ではないから」とする「嫌韓」言説が日本社会にはあった。そんな単純なことであれば、請求権協定により個人請求権が消滅したか否かをめぐる2018年の大法院判決で13人の判事のうち多数意見が、7人だったことの説明がつかない。日本企業の上告を棄却するという結論は同じでも、多数意見とは異なる理由を挙げた判事が4人

（うち1人は他の3人とは異なる理由）、さらには、上告棄却を明確に反対する意見を示した判事も2人いた。韓国の司法も一様ではなく、法的解釈は多様なのである。

「法治国家ではない」という決めつけが日本で蔓延《はびこ》れば、前述したような「負のスパイラル」へと連動してしまうだろう。

第4章　外交の現場から見た日韓関係の「復元」

1　時の政権への忖度《そんたく》と地方自治体交流（小針）

政治・外交対立があると交流中止をする韓国側

東京発信の中央のニュースだけ見ているとわからないが、実は全国各地では日韓間の草の根交流が意外に思えるほど多い。それは、新聞ならば地方紙やブロック紙、あるいは全国紙の地方版、テレビならばNHK各地方局や地方民放の地域のニュースを見ていると、わかるのだ。地方にとっては、国際交流はニュース性があるのだろう。かなり小規模の日韓間の民間交流や地方自治体の首長交流などが報じられている。

両国間の「負のスパイラル」は、地方を中心とした草の根交流にも及ぶことがある。徴用工問題や輸出管理問題などで政治・外交関係が大きくこじれた2019年夏以降、地方公共団体が絡んだ日韓間の交流行事が多数、中止となった。筆者（小針）が住む静岡県の場合、富士宮市と栄州《ヨンジュ》市（8月：木材加工業関係者の派遣、10～11月：中高校生訪問団受け入れ）、藤枝市と楊州《ヤンジュ》市（7月：高校生交流事業）、島田市と東豆川《トンドゥチョン》市（10月：マラソン大会での市民ランナーの相互派遣）などが、地元メディアで取り上げられた。

厳密な集計は難しいが、2019年下半期に『毎日新聞』（各地方版のみに掲載されたものを含む）で報道された限りでは、それぞれの関係した自治体名（原則として都道府県名や韓国側の道名などは略）の組み合わせを記すと、日韓間で何らかの交流事業中止や延期は、次のようなものがあった（順不同）。

富士宮市と栄州市、藤枝市と楊州市、島田市と東豆川市、天理市と瑞山《ソサン》市、倉吉市と羅《ナ》州《ジュ》市、新発田《しばた》市と議政府《ウイジョンブ》市、鳥取市と安山《アンサン》市、対馬《つしま》市と釜山文化財団、安来《やすぎ》市と密陽《ミリャン》市、（島根県）大田《おおだ》市と大田《テジョン》市、五戸町《ごのへまち》と沃川《オクチョン》郡、函館市と高陽《コヤン》市、厚木市と軍浦《クンポ》市、松江市と晋州《チンジュ》市、山口市と公州《クアンジュ》市、藤沢市と保寧《ポリョン》市、熊本市と蔚山《ウルサン》市、瀬戸市と利川《イチョン》市、松山市と平沢《ピョンテク》市、甲賀市と利川市、鳥取県と江原道《カンウオンド》、北九州市と仁川《インチョン》市、北九州市と茂朱《ムジュ》郡、津市と世宗《セジョン》市、金沢市と全州《チョンジュ》市、八女《やめ》市と巨済《コジェ》市、東近江《ひがしおうみ》市と場岩面《チャンアムミョン》、宗像《むなかた》市と金海《キメ》市、田子町《たっこまち》と瑞山市、鹿島市と高興《コフン》郡、秦野《はだの》市と坡州《パジュ》市、大垣市と昌原《チャンウォン》市、石川県と全《チョル》羅北道《ラプクト》、大分県と忠清《チュンチョン》南道、淡路島と南海島《ナメド》（島内の各自治体）、葛飾区と麻浦《マポ》区、鳥取市と清州《チョンジュ》市、北杜《ほくと》市と抱川《ポチョン》市、三豊《みとよ》市と陜川《ハプチョン》郡。

ほとんどが、韓国側から日本側へ中止や延期の申し出があった点が特徴である。

なぜ、中止や延期を韓国側の地方自治体は申し出るのか。たとえば、山梨県北杜市と京畿道《キョンギド》抱川市の交流は、1995年から始まっており、毎年、伝統芸能などを披露する文化交流団などを相互派遣している。植民地支配下の朝鮮半島で陶磁器の研究などに尽くした浅川伯教《のりたか》・巧《たくみ》兄弟の出身地が、現在の北杜市であることが交流のきっかけである。「北杜市高根町出身の浅川兄弟は、日本統治下（1910―1945）の朝鮮半島で生活しましたが、朝鮮の人の立場で朝鮮を捉えようとした数少ない日本人でした」（北杜市ホームページ）と評価され、多くの韓国人が尊敬する日本人が背景にある交流なのだから、徴用工問題や輸出管理問題などの政治・外交対立とは何ら関係がない。抱川市にとって、むしろ、日本の市民に植民地支配を考えてもらう材料にもなる交流を中断させることに、どのような実質的意味があるのか不明だ。

筆者は、日韓の民間交流に関与する韓国の公的機関の幹部に、政治・外交対立でこじれると韓国側の地方自治体が交流の中止や延期を申し出る問題点を、厳しく問うたことがある。すると、「首長には選挙のことが念頭にある。その一方で、何が成熟した姿勢なのかもわかっている。外交対立があった場合、大統領や青瓦台《チョンワデ》が、『地方自治体交流、民間交流、スポーツ交流などは別である。そのまま続けるように』と一言、述べてくれればよいのだ」と、漏らしていた。

当時の韓国では国会が「日本政府の報復的輸出規制措置撤回要求決議案」を全会一致で採択していた。文在寅大統領も「わが政府は日本の不当な経済報復措置に対して相応する措置を断固としてとっていく。（中略）国民の偉大な力を信じて政府が先に立つ」とも述べていた（2019年8月2日）。首長の判断は、これらに連動するものであったであろう。少なくとも、大統領の言葉には国民へ冷静さを呼びかけるトーンはなく、むしろ対日ナショナリズムをいっそう煽る結果となった。

「復元力」を見せた自治体交流

つまり、日本との交流中止や延期に及ぶのは、首長や地方自治体の主体的な判断というよりも、同調圧力や忖度があるということである。たとえば、当時の釜山市長だった呉巨《オゴ》敦《ドン》氏（セクハラ行為を告発され2020年4月に辞職。実刑判決が確定）は、いち早く、日本の輸出管理強化を批判し、市主催の日韓交流行事を全面的に見直す考えを表明し、ほどなく同市として日本との行政交流中断を正式に発表した（共同通信、2019年7月28日）。これは、日本で震災・災害の直後、要人の死の直後、コロナ禍などで見られた「自粛ムード」によって、全国の地方自治体が主催行事を中止や延期した現象と似たものを感じる。

先に触れた富士宮市と栄州市の場合、交流事業中止が発表された際、「（韓国の）全国市長協議会が日本への公務出張はしばらくしないとの声明を発表した。決定に従わざるを得ないことを了承ください」とするお詫びの文書が栄州市から届いたことを、富士宮市は明らかにしている（『毎日新聞』2019年8月3日付、静岡版）。時の政権への「忠誠心」よろしく勇ましい表明をした釜山市長とは異なり、慶尚《キヨンサン》北道栄州市長は横並びにせざるを得ない心情を日本側へ正直に吐露したということになる。

対日関係を重視していた金大中政権の時代にも、教科書問題によって日韓間で地方自治体の交流事業などが、相次いで中断した時期があった。この際、同政権は「このような時こそ人的交流をより活性化し、両国民の歴史に対する共通認識の幅を広げることが両国の未来のために望ましい」との見解を表明した（共同通信、2001年8月2日）。これによって、交流中断は一段落したのだ。小泉純一郎首相の初訪韓（同年10月）や日韓共催W杯（翌年5〜6月）が控えていたので、これを念頭に置いたものと思われるが、金大中大統領の強い意向もあったはずだ。

2019年の政治・外交対立の際、中央政府である当時の文在寅政権の幹部からは、こうした意向が公に示されることはなかった。

それでも、表明していた事業の取りやめを早期に撤回した韓国の地方自治体もあった。一度は高校生の相互派遣事業の中止を表明していた京畿道水原《スウォン》市は、交流相手の北海道旭川市へ「交流事業は中止という残念な手紙を出したが、30年続いた友情と信頼を考慮して再開したい」と10月に表明し、同市も「大変うれしい。交流を通じて視野を広げ、相互理解を深めてほしい」と応じている（『毎日新聞』2019年11月7日付、北海道版）。そもそも、決まっていた交流が行われたケースも、多数あった。栃木県宇都宮市で開催された日韓親善少年柔道交流大会に参加した高陽市柔道会会長は「（大会参加に）迷いは全くなかった。政治的な問題と関係なくスポーツができるよう努力している」（『毎日新聞』2019年8月4日付、栃木版）と、交流事業で慶尚北道浦項《ポハン》市を訪れた広島県福山市の中学3年生は「現地の人たちはみんな優しくしてくれた。とてもいい経験になった」（『毎日新聞』2

019年11月1日付、広島版）と、それぞれ述べている。

政治・外交対立の煽りによって、2019年に多くの交流が中止・延期となった波の中で、忖度や同調圧力に動じずに、交流実現のために動いたり、考えたりした地方自治体の関係者や一般の人々（特に若者）がいたことを、我々は知るべきだ。

そして、政治・外交対立とコロナ禍が沈静化すると、交流が復活している。先の富士宮市と栄州市も、2021年12月には両市長のオンライン会談を皮切りに再開した（『静岡新聞』2021年12月31日付）。2023年10月には富士宮市の中学生14人が栄州市を訪問した。同年には同じような動きが全国で見られた。

象徴的だったのは、「日韓知事会議」が同年11月に山梨県富士河口湖町で開催されたことだ。「日韓地方政府による新たな協力体制の構築に向けて」とする共同声明まで取りまとめた（時事通信、2023年11月1日）。1999年から数年おきに開催されてきたが、2017年を最後に中断していた。6年ぶりの開催に至ったのは、中央政府次元で政治・外交関係が復元したことが背景にある。

2　永田町のムード変遷と決定的だった尹大統領の本気度（大貫）

永田町で少数派だった政権交代への期待論

それでは、日韓間の政治・外交関係はどのように復元していったのであろうか。2023年11月16日、訪問先のサンフランシスコで開かれた日韓首脳会談は、この年だけで実に7回目に及ぶものだった。翌日には、岸田文雄首相と尹錫悦大統領がそろって米スタンフォード大学の討論会に出席し、脱炭素分野などでの連携を打ち出した。わずか1年前まで正式な首脳会談が開けなかったとは信じ難いほどだ。

長きにわたった相互不信は短期間でどのように払拭されていったのか。ここからは、日韓議員連盟幹部や日韓両政府関係者への取材を通じて浮き彫りになった軌跡を改めて振り返りながら、考えていきたい。

なお、政治、外交の全体像をつかむには首相官邸、霞《かすみ》が関《せき》、与野党や識者など多方面への膨大な取材を重ねて総合的に判断する必要があり、日本の各メディアは日々、それぞれの担当者の取材内容を照らし合わせて情勢分析している。本書においても筆者（大貫）が

1人で全方位に取材することが理想ではあるが、現実的には困難なため、引用は公開情報のほかは、筆者が直接取材した関係者に限っていることを付記しておく。

「政権交代になってもならなくても、それを契機に動き出すのではないかという思いはあります。チャンスだろうと」

2021年12月20日、筆者は河村《かわむら》建夫元官房長官を訪ねた。2013年から8年間務めた日韓議連の幹事長を退任した直後だった。この頃、韓国では2022年3月投開票の大統領選が本格化し、保守系の尹錫悦氏と進歩系の李在明氏が前哨戦を繰り広げていた。大統領選後に日韓関係に変化はあるか、河村氏の率直な見方を聞きたいと思った。河村氏は、新政権での関係改善に期待感を示した。

日韓間の政界のパイプが細る中、河村氏は、文在寅政権で国務総理を務めた李洛淵氏など韓国の要人と率直な意見交換ができる数少ない政治家である。長年、韓国との関係構築に取り組んできた河村氏が悲観的な展望を語る可能性はないだろうと思ったが、表情やふとした言葉の端々から、どの程度期待が持てるのかを探ることはできるのではないかと考えた。

大統領選の論戦で、尹錫悦氏は日韓関係改善に向けた強い意欲を示していた。後述するように、この時点で日本政府内には「進歩系の文在寅氏と異なる保守系とはいえ、大きな期待はできない」と淡々と見守る空気があった。それでも、まずはチャンスととらえるべきだというのが河村氏の考えだった。

最大の懸案である徴用工問題の解決策はあるのか。筆者が問うと、河村氏は可能性はあると前向きな見方を示した。韓国で国会議長を務めていた文喜相《ムンヒサン》氏が2019年に発表した案がヒントになるという。この案は、日韓両国の企業が自主的に寄付する基金を作って元徴用工に支給するアイデアで、日本の被告企業に直接弁済をさせない点がポイントだった。韓国の国会で廃案になったものの、当時の安倍晋三政権の官邸幹部もこの案なら受け入れ可能との姿勢を示していたと河村氏は明かした。

「日本も歩み寄りをする必要が出てくるかもしれないけどね」。戦時中の1942年生まれである河村氏は、大原則として1965年の日韓請求権協定を基本としつつ、日本による植民地支配の歴史を事実として忘れてはならないとの思いを抱いていた。

筆者が訪ねたこの日、河村氏の手元には、1998年10月に国賓として訪日した金大中大統領の国会での演説文が置かれていた。「特に若い議員にはこれを読めと言っているんです」。植民地支配の過去を踏まえた上で、大局的な観点から未来志向の関係構築の重要性を訴えた歴史的な演説である。そうした韓国側のメッセージを日本も受け止めるべきだ、と後輩たちに語っているということだった。

河村氏の信念は、戦後生まれが大半を占める現役の国会議員にどこまで伝わるか。韓国への強硬論が支配的だった永田町の雰囲気を考えると、かなりハードルは高いように筆者には感じられた。

日韓関係に新たな懸案が浮上したのは、大統領選投開票の1カ月ほど前のことだった。2022年2月、日本が新潟県の「佐渡島の金山」を世界文化遺産に登録するよう国連教育科学文化機関（ユネスコ）への推薦を決めると、韓国は「かつて朝鮮半島出身者の強制労働の場だった」と主張して推薦撤回を求めた。

岸田氏が世界文化遺産への推薦に傾いたのは、安倍氏ら党内保守派が推薦を強く求めていたことが背景にあったようだ。「韓国の大統領選に配慮して推薦を見送るようでは保守派の支持離れを招く。夏に控える参院選にもマイナスとなる」というプレッシャーが岸田氏にかかっていた。前年10月に首相に就任したばかりだった岸田氏は党内第4派閥の領袖にすぎず、最大派閥である安倍派への配慮は欠かせなかった。リベラルのイメージが強い岸田氏にとって、政治的な基盤確保のためにあえて保守的な政策を打ち出しているという指摘を識者から耳にすることもあった。

外務省は、「佐渡島の金山」の世界文化遺産への推薦を見送るべきだとの立場だった。関係国間で見解の相違があるケースでは、対話で解決するまで登録を進めないという制度を日本のイニシアティブで過去に導入していたためだ。しかし、岸田氏は外務省のこうした進言を退け、最終的に推薦することを決めた。

「韓国との歴史戦を展開する」。それが首相官邸・自民党の決断だった。

筆者はこの件について河村氏の見解を聞きたいと、2022年2月8日、再度永田町の事務所を訪ねた。河村氏は、ユネスコの場で文化財としての価値を説明すべきだとして、岸田氏の判断に理解を示した。と同時に、「ユネスコは本来、政治的なものを持ち込む場ではない」と、日韓両国が冷静な議論をすべきだと語った。その上で、韓国の新政権発足を機に「日本側も（関係改善に向けて）動くべきだと思います」と改めて強調したのだった。

じわり高まった韓国新政権への期待

重鎮から日韓議連幹事長のバトンを受け継いだのは、河村氏と同じ二階派の武田良太氏だった。2022年5月10日の大統領就任式に出席した武田氏は、ソウルで尹錫悦大統領と会談していた。新大統領の印象や期待感について尋ねたいと、筆者は武田氏にインタビューを申し入れ、5月27日に実現した。

「当初、面会時間は20分の予定でしたが、30分も延長してもらって、大変フランクな対応をしてもらいました。非常に柔軟性に富み、懐が深いという印象を持ちました。ツーショットでの写真撮影をしようと声をかけてくれるなど、一国のトップリーダーに相応《ふさわ》しい方で。この方となら、率直に意見交換して日韓関係の正常化に向けて話し合いができると、私を含めたすべての日韓議連のメンバーが感じたと思います」

予想していたより、はるかに好意的な受け止めが返ってきた。特に、尹錫悦氏が「歴史問題を国内政治に利用してはならない」と明言したことに見識の深さを感じたという。

このインタビューで特に印象深かったのは、「韓国から日本に協力を求めたいことを伝えてもらえれば、柔軟に対応する用意はあります。日本側も努力するのは当然のことだと思います」という武田氏の発言だった。日本による対韓輸出規制についても、「交流を続けながら関係改善という共通の方向性が見えていく中で議論すれば良い」と解除の可能性に言及した。オンレコのインタビューでの発言という点を考えると、自民党内で韓国への期待感が高まりつつあることの表れだと筆者は受け止めた。

それは、尹錫悦氏の有言実行によるところが大きかった。尹錫悦氏は当選の2日後、岸田氏と電話で協議した。尹錫悦氏は選挙戦において、就任後に訪問する国の順序として米国に次いで日本を挙げていた。朴槿恵、文在寅両政権が米国に続いて中国を訪れ、二国間としての訪日が実現しなかったこととの差別化を図っていた。そうした尹錫悦氏の意向が強く表れた電話協議だった。

後述するように、当選から1カ月ほどすると、尹錫悦氏は知日派の識者や元外交官らを日本に派遣し、日韓関係改善に向けた意気込みを伝えた。日本側もこれに応えようと、岸田氏をはじめ松野博一《ひろかず》官房長官、林芳正《よしまさ》外相、岸信夫防衛相、萩生田《はぎうだ》光一経産相ら主要閣僚が会談した。大統領就任式には林氏が出席した。

それでもこの段階ではまだ、日本側には長きにわたる韓国への不信感を払拭するのは時期尚早という慎重姿勢も交錯していた。韓国は日本も関係改善に向けて「呼応」してほしいと訴えていたが、武田氏は、日本が呼応するにはまず韓国が慰安婦合意を履行することが前提という考えを示した。それは、岸田氏自身の思いでもあるようだった。

慰安婦合意の履行とは何を指すのか。具体的には、日本政府が元慰安婦の名誉回復のために拠出した10億円のうち、残る約6億円の使途を協議することなどが課題として残っていた。ただ、日本が重視していたのは、文在寅政権が元慰安婦支援のための財団（和解・癒やし財団）を一方的に解散して合意を事実上、白紙化したような背信行為をしないでほしいという、合意への向き合い方だった。一言で表せば、信頼関係を築けるのか、ということである。

日本が最も重視していた徴用工問題について、韓国政府が具体的に取り組み始めたのは2022年7月のことだった。官民協議会を設置して、識者や外交当局者が解決案について検討を始めたのだ。こうした動きを受けて「徴用工問題の解決なしには首脳会談には応じない」という日本政府のスタンスにも変化が生じ、2022年11月、両首脳の初会談が実現した。2023年に入ると、韓国政府は徴用工問題の解決に向けて一気に踏み込んだ。文在寅政権時代には韓国への非難の声で溢れていた自民党内も、次第に尹錫悦政権の取り組みを静かに見守るようになっていった。

徴用工問題の解決が現実味を帯びてきたことで、日本はどのような対応が可能なのか、2023年2月3日、再び武田氏に尋ねた。

武田氏はまず、尹錫悦政権の徴用工問題への取り組みについて「解決に向けて具体的な努力を重ねられていることは、我々としても評価すべきですし、労苦に敬意を表さなければばならないと思います」と語った。9カ月前のインタビューと比べると、韓国政府に信頼を寄せつつあることがうかがえた。

武田氏はこう続けた。「韓国側の対応を見ながら、我々としても何ができるかを考えたい」。2018年10月の大法院判決以後、「ボールは韓国側にある」と一貫して韓国側に対応を求めてきた日本政府・自民党の姿勢から、明らかに軟化していた。

韓国が求める日本の被告企業による拠出については、「政治が民間企業に対して『こうすべきだ』と指示するのは正しい姿ではない。これは明確に申し上げておきたいと思います」と断言しつつ、20分ほどのインタビュー中、日韓協力の重要性についての話題が大半を占めた。韓国政府が徴用工問題の解決策を発表したのは、この約1カ月後のことだった。

超党派で作る日韓議連・韓日議連は、かつてほどの圧倒的な存在感はないと言われる。それでも、議連幹部が相手国を訪問した際は、首相や大統領と会談する慣例は続いており、帰国後はその会談内容を自国のトップに報告するのが定例化している。

また、議連への政府の対応はその時々の両国関係を反映するひとつの指標とも言える。2018年12月、両議連の合同総会出席のための訪韓を前に安倍氏（当時首相）を訪ねた河村氏らに対し、安倍氏は恒例だった韓国大統領宛ての親書を託さず、合同総会への祝辞も出さなかった。一方、2022年11月にソウルで開かれた合同総会に岸田氏は「韓国は重要な隣国だ」とのメッセージを寄せた。尹錫悦氏と岸田氏の正式会談が実現したのは、この約1週間後である。河村、武田両氏への計4回のインタビューを時系列で振り返ると、日本政府・自民党内の韓国への視線が尹錫悦政権の誕生によって大きく変化したことが浮き彫りになる。

変化の芽が見え隠れした2021年

では、日韓両政府はどのように関係を改善していったのか。結論から言うと、尹錫悦氏の対日関係改善に向けた強い意向が両政府の高官、実務陣を動かしたというのが実態である。たった1人の政治家の登場で国際関係が大きく変化する事例は、米国のトランプ前大統領がすでに示した通りだが、日本にとって隣国・韓国の大統領交代は国民レベルにまで影響を及ぼす。本項では、過去2年間にあった主要な動きについて記す。

外交の最前線にいる人々の言葉や表情を改めて振り返ると、これほど短期間で劇的に変化したのかと驚かされ、両国関係の変遷をたどることができる。なお、日韓両政府関係者のアルファベットは、個人を特定する頭文字などではない。

日本政府内にわずかながら韓国の政権交代による関係改善への期待感が出てきたのは、韓国大統領選の1年ほど前、2021年春のことだった。この年4月のソウル・釜山両市長選で保守系候補が勝利したことにより、韓国政治に変化の兆しが見えてきた時期である。このため前項よりやや時計の針を戻し、日本政府内の変化を追う。

韓国では2016年秋、朴槿恵大統領の弾劾を求める大規模集会が始まった。翌2017年3月、朴槿恵氏が憲政史上初の弾劾失職となり、同年5月の大統領選で文在寅氏が当選した。政権発足直後の文在寅氏の支持率は80%を超える一方、保守勢力は朴槿恵氏の弾劾を機に分裂し、低迷していた。保守の再建には長い時間がかかると見られていたが、2019年、文在寅氏の側近だった曺国元法相に娘の大学入試不正問題が浮上したことなどで進歩勢力も若年層の支持離れを招いた。そうした民意が反映されたのが2021年のソウル・釜山両市長選だった。

両市長選の投開票から1週間後、日本政府関係者A氏は筆者にこう語った。

「次にもし（韓国大統領が）保守系になれば、日本が『もう一度騙されてみよう』と考える可能性はあります。朴槿恵政権も最初は関係が悪かったですが、それでも慰安婦合意ができたのはやはり保守政権だったからです」

日本政府には伝統的に、「韓国の保守は北朝鮮による脅威への備えとして米韓同盟を重視するため、日米韓協力、ひいては日韓関係を重視する傾向がある。これに対し、進歩は南北関係の進展が最優先で日韓関係は二の次になりがちな上、民族主義を前面に押し出し、日韓協力に消極的だ」という認識がある。

これまで詳述したように、特に文在寅政権下の2019年に関係が極度に悪化したため、「やはり日本にとっては保守政権のほうがやりやすい」という考えが広がった。次も進歩政権が続くだろうというあきらめがあった日本にとって、ほのかな希望を抱かせたのが両市長選の結果だった。

と同時に、保守でも進歩でも大きな期待はできない、という冷めた見方もあった。両国の関係が国交正常化後最悪と言われるきっかけとなったのは、保守系大統領だった李明博氏による2012年の竹島上陸だった。朴槿恵氏も、政権初期は慰安婦問題の解決なしには日本との首脳会談に応じないと強硬姿勢を示す一方、北朝鮮問題での協力を深めようと対中関係の構築に注力していた。

「次に尹錫悦が大統領になったとしても、外交的にどういう立ち位置かはわからない。次も期待できないですよ」

日本政府関係者B氏は、日本政府の一部で広がる期待感をいさめた。興味深いのは、A、B両氏いずれも日韓外交に関わった経験があることだった。韓国の変化へのかすかな期待と、根強い不信感が政府内で混在していることを物語っていた。

実は2021年は、文在寅政権の外交路線に変化が生じた年でもあった。バイデン政権が対中けん制の必要性から日米韓協力を重視しており、日韓関係の改善を強く求めていた影響が大きかったためだと言われる。

日韓両政府の関係者を驚かせたのは、文在寅氏が2021年の年頭の記者会見で、徴用工訴訟で被告の日本企業の資産が現金化される事態になることは「望ましくない」と初めて言及したことだった。文在寅氏が、対日関係改善への意欲をにじませたように見えたからだ。韓国政府関係者G氏によると、この発言は事務方が上げた応答要領には書かれておらず、文在寅氏本人の言葉だったという。

時を同じくして、大統領府の主要な外交安保ラインを南北宥和派から米韓同盟重視派へ交代させるなど、対外政策の見直しも進んだ。北朝鮮は2019年2月の米朝首脳会談決裂後、核ミサイル開発に再び邁進《まいしん》し、南北対話が難しくなっていた時期だった。韓国は米韓、日米韓関係の再構築にシフトせざるを得なかった。

ひとつの象徴が、2021年7月、4年ぶりに開かれた日米韓の次官協議だった。この頃から日米韓の枠組みで東シナ海や南シナ海、台湾海峡の平和と安定への言及がなされるようになっていった。90年代後半から断続的に行われていた日米韓協議において歴史的な変化だった。それまで、中国に配慮する韓国と日米両国の温度差が顕著で、3カ国協力は北朝鮮対応に限定されていたためだ。長年にわたって日米韓協力に尽力してきた日本政府関係者C氏はこの頃、「米国は明らかにインド太平洋戦略に韓国を引き込もうとしているし、韓国も変わってきている」と地殻変動が起きつつあると語っていた。

こうした流れを受けて、韓国政府は2021年7月にあった東京五輪の開会式への大統領出席を検討した。韓国政府内で推進派と慎重派のせめぎ合いが続く中、日韓両政府高官の間では文在寅氏の訪日に向けた検討が水面下で進められていた。最終決定を目前にしたタイミングで、日本の駐韓公使が韓国メディアとの懇談で文在寅氏を中傷したと報じられ、韓国国内で反発が起きたことなどから訪日実現には至らなかったものの、文在寅政権において両政府が関係改善を模索した最後の機会だった。

米国の政権交代と北朝鮮の対話路線放棄という国際情勢の変化を受けて、韓国で日本とよりウマが合う保守政権が誕生すれば、日韓関係改善に向けた機運が高まるかもしれない。

いや過度な期待は禁物だ——日本政府がそんな複雑な視線で朝鮮半島を眺めていたのが、2021年という年だった。

少しずつ解けた韓国への不信感

前述したように、2022年は年明け早々から「佐渡島の金山」の世界文化遺産登録をめぐって日韓間で緊張が高まった。3月の大統領選に向けた論戦で、李在明氏は対日批判を強める一方、尹錫悦氏は対日関係改善への強い意欲を示していた。それでも日本政府内に大きな期待はなかった。

ただ、李在明氏よりは相性がいいだろうと見ていた日本政府サイドは、尹錫悦氏との関係を築くのに、最初のボタンの掛け違いをしないようにと細心の注意を払った。2013年2月、朴槿恵氏の大統領就任式に派遣した麻生太郎副総理と新大統領が歴史問題をめぐって異なる見解を示し、初期の関係構築に失敗した苦い経験があったためだ。

尹錫悦氏の当選2日後の3月11日、「米国の次に日本の首相と会談したい」という韓国側の要請を受け、日本政府は電話協議に応じた。目を引いたのは岸田氏の発言だった。日本政府の発表はこうだ。

「1965年の国交正常化以来築いてきた日韓の友好協力関係の基盤に基づき、日韓関係を発展させていく必要があり、尹次期大統領のリーダーシップに期待する。日韓関係改善のため、尹次期大統領と緊密に協力していきたい旨述べました」

対照的だったのは、この半年ほど前の2021年10月にあった電話協議である。岸田氏の首相就任を受けた文在寅氏との協議で、岸田氏は以下のように述べたと日本政府は公表した。

「旧朝鮮半島出身労働者問題や慰安婦問題等により日韓関係は引き続き非常に厳しい状況にある旨述べた上で、これらの問題に関する日本の一貫した立場に基づき、韓国側に適切な対応を強く求めました」

尹錫悦氏に前向きなメッセージを送ったのは明らかだった。

韓国側も、首脳間の信頼関係を築く上で最初に相互が好印象を持つことの重要性を認識していた。尹錫悦氏は3月11日が日本で重要な意味を持つことを踏まえ、「本日で東日本大震災から11年となる」とお見舞いの言葉を忘れなかった。

風向きが少しずつ変わり始めたのは、先に触れたように、大統領就任を控えた尹錫悦氏がこの年4月下旬、知日派の識者ら「政策協議代表団」を日本に派遣したことだった。代表団は尹錫悦氏の対日関係改善に向けた岸田氏への親書を携え、5日間にわたって日本政府・与野党の要人たちと会談した。日本の閣僚らは、文在寅政権時代の駐日大使との会談にはほとんど応じなかったため、尹錫悦次期政権への期待感がにじんでいた。

というのは、代表団の顔ぶれは尹徳敏《ユンドンミン》・元国立外交院長、朴喆熙《パクチョルヒ》・ソウル大学教授、李相徳《イサンドク》・元外交部東北アジア局長といった長年、日韓関係の構築に取り組んできたメンバーだったためだ。日本政府関係者B氏はこの頃、「我々にとってお馴染みの面々。こうしたつながりはプラスに働くのではないか」と評した。先に触れたようにB氏はこれより約1年前、尹錫悦氏が当選したとしても関係改善は期待できないと冷ややかな見方をしていた。尹徳敏氏は後に駐日大使に、朴喆熙氏は後に国立外交院長にそれぞれ就任した。B氏の見解の変遷からは、尹錫悦氏の外交ブレーンの面々が日本側に少しずつ安心感を与えたことが読みとれる。

7月に韓国政府が徴用工問題の解決に向けた官民協議会を韓国国内で設置すると、日本政府・自民党内に半信半疑ながら「尹錫悦政権には期待できるかもしれない」という雰囲気が醸成されていった。先の日本政府関係者C氏は官民協議会の設置を受けて、「まだ政権発足から2カ月なので、こちらから厳しいことは言わずに待っています」と語った。文在寅政権時代のように解決に向けた圧力を強めることはしていない、という意味だった。

転機となったのは9月に米ニューヨークで開かれた国連総会に合わせて、岸田氏と尹錫悦氏の両首脳による初の二国間の話し合いが設けられたことだった。両氏は6月にスペインであった北大西洋条約機構（NATO）首脳会議に合わせた日米韓首脳会談などで顔合わせはしていたが、日本側は尹錫悦氏との個別会談は時期尚早として見送っていた。9月の時点でも、徴用工問題で韓国はまだ解決策を示していないという従来の立場を踏襲して対外的には「会談」ではなく「懇談」と説明したが、約30分という時間を考えれば事実上の首脳会談であることは間違いなかった。

尹錫悦氏は、岸田氏と右手で握手をしながら白い歯を見せた。11月には麻生氏が訪韓して尹錫悦氏と会談し、同月にカンボジアで正式な首脳会談が開かれるに至った。この後、徴用工問題の解決に向けた両国の外務省局長による協議が加速していく。

「ニューヨークで30分間、尹錫悦大統領が直接、岸田総理に語りかけてもらったことが大きかったと思います。尹錫悦大統領は事務方が作成した文書は参考程度にするだけで、ご自身のお言葉でお話しされます。これが日本側が信頼感を抱くきっかけになったと思います」

カンボジアでの会談から2週間ほどが過ぎた2022年11月下旬、韓国政府関係者H氏は筆者にこう語りながら、「ここまで日本の雰囲気が変わるとは予想していませんでした」と驚きを隠せない様子だった。H氏は文在寅政権時代の2020年6月、「韓国も日本も互いの重要性を低めて、協力しなくていいとあきらめてしまっています」と疲労感をにじませていた。2年半ほど前とは別人のように充実した表情が印象的だった。

「復元」の象徴——12年ぶりの韓国大統領訪日

分水嶺《ぶんすいれい》となったのは2023年1月、韓国の外交部が徴用工問題の解決案を公表したことだった。徴用工問題についての公開討論会で、同部の徐旻廷《ソミンジョン》・アジア太平洋局長が、韓国大法院が賠償命令を出した日本企業から資金拠出を受けるのは「事実上難しい」と踏み込み、韓国政府傘下の財団（日帝強制動員被害者支援財団）が賠償を肩代わりする方向だと明らかにしたのである。被告企業による資金拠出と謝罪は、元徴用工ら原告が求める2大要素だった。同氏の発言はそれを断念することを意味し、原告の反発は必至だった。ソウルの国会議員会館で2時間あまり開かれた討論会は終盤、韓国政府の解決案に反対する人々から怒号が飛び交った。

「あれは、韓国としては相当に頑張った。韓国側がここまでやっているわけだから、我々としてもできることはしなければいけないという雰囲気になっている」

日本政府関係者D氏は討論会の2週間ほど後、筆者に率直に語った。

実は討論会で解決案を公表することについて、韓国政府は事前に日本政府に伝えていた。両政府の呼吸は合い始めており、2月に入ると両国の担当局長が毎週のように行き来して細部を詰めた。日本は本当に韓国が踏み切れるかという懸念を最後までぬぐいきれなかったが、尹錫悦氏は10年以上にわたった外交問題を自らの手で解決することを決断した。

韓国の朴振《パクチン》外相が解決策を正式に発表したのは2023年3月6日午前11時半だった。この1時間後の午後0時半、林芳正外相は外務省で臨時の記者会見を開く。林氏は、民間企業の財団への寄付についてこう語った。

「政府としては特段の立場を取ることはありません」

一見、当たり前の発言のように見えるが、日本がこの時点でできる最大限の呼応措置だった。日本は徴用工問題に関しては1965年の日韓請求権協定で解決済みとの立場で一貫しており、日本の被告企業に請求権協定違反の行動をとらないよう圧力をかけていると韓国側は見ていた。林氏の発言は、こうした疑念を払拭し、企業の自主性に任せる立場を明確化した意味があったのだ。

それから10日後の3月16日、首相官邸前や霞が関に日の丸と太極旗がともになびいた。午後0時20分頃、尹錫悦氏が乗った黒塗りの車が警備の車列に先導されて帝国ホテルに到着した。ホテルに着くなり、尹錫悦氏はまずロビー周辺を歩いて回った。予定外の行動に警備員たちは厳戒態勢を敷いて構えたが、ホテル周辺で抗議デモなどは見られず、ロビーでも混乱は一切なかった。韓国大統領として12年ぶりの二国間訪問を歓迎する日本国民は少なくないのだろうと筆者は現場で感じた。

「復元」の象徴とも言えるシャトル外交を事実上復活させた尹錫悦氏は自信に満ちていた。岸田氏との共同記者会見では、記者の質問に対し、手元のメモに目をやることなく自らの言葉で語り、「足りなければさらに説明します」と笑みを見せた。

韓国で政治的に非常に難しい対日政策において、尹錫悦氏はなぜこれほど大胆な決断ができたのか。日韓のさまざまな関係者が声をそろえるのは、尹錫悦氏自身が対日関係の重要性を強く認識しているためだ、ということだ。父は一橋大学に留学し、客員教授も務めており、父とともに日本に滞在した経験から、日本に対して良い印象を抱いていると言われる。保守系の韓国大手紙幹部は「戦略的にどうこうという理由ではなく、彼は純粋に日本が好きなんだ」と語る。

検察一筋という、非政治家出身の経歴がプラスに働いたという見方もある。政治家はともすれば支持率や選挙への影響などを考えがちだが、尹錫悦氏は世論への忖度がないという指摘だ。こうした姿勢は2024年4月の総選挙ではマイナスに作用したが、その点については稿を改めたい。

文在寅政権が対日関係を悪化させたという問題意識も強かったようだ。尹錫悦氏の外交ブレーンは文在寅政権の外交政策に批判的な顔ぶれがそろっており、「徴用工問題を放置し、慰安婦合意を白紙化した」と不満を抱いていた日本側と「反文在寅」で意気投合しやすい部分があったと言える。

「韓国は勇気ある決断をした」。そうした評価は韓国に厳しかった日本政府・自民党内でも広がっていった。興味深いのは、尹錫悦氏と顔合わせを重ねるにつれて岸田氏の表情が和らいでいることだ。「懇談」と発表した前年9月は口元を真一文字に結んでいたのが、尹錫悦氏が来日した2023年3月の会談ではにっこりとした笑顔を見せた。会談する際にどのような表情を見せるかは、時の外交関係を反映する。

首脳の往来再開により、数年にわたってストップしていたさまざまな分野の協力が動き始めた。2023年4月には5年ぶりに日韓安全保障対話が開かれた。同月、内紛が激化したスーダンからの邦人退避にあたり、韓国軍などの車列が邦人数人を乗せて輸送した。4年にわたる外交懸案だった日本政府による対韓輸出規制も7月、全面的に解除した。

日本では、韓国との関係改善を世論も好感した。これに対して、韓国の野党や進歩系の市民団体は、徴用工問題で尹錫悦氏が一方的に譲歩したと批判していた。

こうした日韓の温度差を裏付ける数字がある。『読売新聞』と『韓国日報』が2023年5月26〜28日に実施した共同世論調査（n=2017）によると、韓国政府の徴用工問題解決策について、「評価する」は日本人57％に対して韓国人36％、「評価しない」は日本人31％に対して韓国人59％と日韓で評価が逆転した。尹錫悦氏を「信頼できる」と答えたのは日本人43％、韓国人38％に対し、「信頼できない」は韓国人59％、日本人40％と、日本のほうが尹錫悦大統領を高く評価したのだ（『読売新聞』2023年6月15日付）。

韓国国内の不満の高まりに、韓国の外交当局者から「日本も相応の措置をとってくれなければ尹錫悦政権は厳しい状況に追い込まれる」という声が日本側に届き始めた。

日本政府関係者C氏は4月半ば、尹錫悦氏の訪日に合わせて日本側がとった措置について触れながら、複雑な胸の内を明かした。

「韓国は日本が呼応していないと言うけれど、昼12時に大統領が到着して、午後1時半に経団連（日本経済団体連合会）と全経連（全国経済人連合会。韓国の経済団体）が未来世代のための基金設立を発表した。午後5時に輸出管理の厳格化措置の緩和も発表している。これも呼応だという言い方をしても良かったのかもしれない」

同じ措置をとるにしても、韓国向けにもう少し効果的な発表の仕方をすれば尹錫悦氏を助けられたのではないか。そんな後悔がにじんでいた。

とはいえ、日本政府として譲れない一線があるのも事実だった。

「今回、（徴用工問題で）交渉がまとまったのは、韓国からの『もう一歩』という求めに応じなかったからだと思うんです。過去の問題について謝罪をすれば、韓国では不十分だという批判が必ず出る。日韓関係のためを考えれば、歴史問題ではこれ以上何もしない方がいい。私の考えが正しいかはわかりませんけどね」

韓国が求める、被告企業による拠出と謝罪だけは応じられない。日本のこの立場は動かせない。ただ、尹錫悦氏をサポートする必要性も痛感している。日本ができることは何か——。岸田氏が5月7日に訪韓すると発表されたのは、こうした会話が交わされてから2週間ほど後のことだった。

解決金支払いの発表が岸田首相の早期訪韓を決断させる

後にわかったことだが、C氏が筆者に語っていたこの頃、実はすでに岸田氏の訪韓に向けた両国間の水面下の準備が始まっていた。

尹錫悦氏の訪日を受けた岸田氏の訪韓は、通常国会閉会後の夏頃だろうというのが関係者の相場観だった。そうした観測に反して、慎重姿勢で知られる岸田氏に早期訪韓を決断させたのは、4月13日に韓国外交部であった、ある記者向けのブリーフィングだった。徐旻廷・アジア太平洋局長が韓国政府傘下の財団による元徴用工への賠償金相当額の支給金について、訴訟の原告15人のうち10人が受けとる予定だと明らかにしたのだ。

7割近い原告が受けとる意思を示したことは、日本政府の予想以上だった。しかも、日本の世論は韓国との関係改善を好感している。この機を生かそう。首相官邸はそう考えたようだ。このブリーフィングの翌日、岸田氏は自身の訪韓に向けた準備を進めるよう事務方に指示した。

とはいえ、岸田氏は「手ぶら」でソウルに来るのではないか。だとするとかえって尹錫悦政権にはマイナスとなる。韓国側にそうした懸念があった中、訪韓した岸田氏は2つのサプライズを演出した。

ひとつは5月7日の尹錫悦氏との会談後の共同記者会見で、岸田氏が「私自身、当時厳しい環境のもとで、多数の方々が大変苦しい、そして悲しい思いをされたことに心が痛む思い」と一歩踏み込んだことだった。この発言は、事前に政府間で協議した内容ではなかった。

「心が痛む」は2015年12月28日、慰安婦合意を受けて安倍首相が朴槿恵大統領に電話で伝えた言葉だった。「元慰安婦の方々の筆舌に尽くし難い苦しみを思うと心が痛む」という表現を岸田氏は踏襲したのである。自民党右派と尹錫悦氏双方へ配慮したぎりぎりの選択だった。

もうひとつは、5月19～21日に広島であった主要7カ国首脳会議（G7サミット）に招待国として参加する尹錫悦氏と、広島の平和記念公園内の韓国人原爆犠牲者の慰霊碑を共同参拝すると合意したことだった。

韓国との関係改善に自信を深めたこともあったのだろう。岸田氏は訪韓直後の5月11日に首相公邸で、韓国紙『中央日報』（2023年5月15日付）のインタビューを受けた。日本の首相が韓国メディアのインタビューを受けたのもまた、12年ぶりのことだった。岸田氏は、「心が痛む」発言について「記者会見で歴史認識について政府のこれまでの立場を明らかにした後に申し上げた。これは私自身の考えを正直に申し上げたもので、当然、韓国側と事前に調整したものではない」と明らかにした。

3月からの2カ月間で急速に関係改善が進み、その後は国際会議など同じ場に居合わせれば首脳会談をするのが恒例になっていった。8月に始まった東京電力福島第1原発の処理水の海洋放出をめぐっても、双方が最大限の配慮をしたことで外交的な摩擦が生じることはなかった。

「尹錫悦大統領と岸田総理のリーダーシップと決断に基づき、韓日関係は驚くほど進展しました。両首脳はこの6カ月間で6回の首脳会談を開催しました。ギネス記録ではないかと思います」

2023年10月3日、駐日韓国大使館主催のレセプションが東京・千代田区紀尾井町《きおいちょう》のホテルニューオータニで開催され、尹徳敏・駐日韓国大使が、急速に改善した両国関係について、冗談を交えて語った。日本側からは上川陽子外相が来賓挨拶をしたのに続き、若手議員の頃から韓国と交流のある河野《こうの》太郎デジタル担当相の発声で「乾杯!」の声が響き渡った。

参加者は日韓両政府関係者のほか、駐日米国大使など各国の関係者が集い、約1200人に上った。こうしたレセプションは乾杯の後、会場が閑散とするケースも少なくないが、この日は2時間後の終了予定時刻を過ぎても尹徳敏氏との記念撮影の列が続いたり、あちこちで歓談の輪ができたりしていた。ちょうど1週間前に開かれた駐日中国大使館主催の国慶節のレセプションにも参加したある関係者が、「早々に出席者が帰っていった先週とは雰囲気が全然違う」と語ったほどで、日韓関係の改善を象徴するような場となった。

3 「陰の主役」中国の存在（大貫）

クアッド参加意思、インド太平洋戦略策定……韓国の対中政策の変化

前節までは主に日韓二国間の改善の軌跡を追った。本節では、日韓関係を語る上で欠かせない、陰の主役とも言える中国との向き合い方についての変遷を記す。

尹錫悦氏は2022年の大統領選で、対中政策についても文在寅政権や李在明氏と明確な違いを打ち出した。文在寅政権が距離を置いていた、日米豪印の協力枠組み「クアッ

ド」への参加に積極的な姿勢を示したことは、その象徴だった。

ただ、すでに記したように、この時点で日本側は冷ややかな見方をしていた。

「韓国がクアッドにオブザーバー参加をしたいという話は聞こえてきますが、そんな簡単な話ではありません。中国と本当に対峙《たいじ》できるのか、ということです」

日本政府関係者E氏は、尹錫悦氏の当選から1カ月ほど後の2022年4月上旬、筆者にこう語った。クアッドは、対外的には気候変動問題など地球規模の課題への協力を話し合う場と説明しているが、対中けん制の枠組みであることは自他ともに認めていた。

先に触れたように、日米両国と韓国の間では、長きにわたって対中政策で大きな温度差があった。韓国は、北朝鮮問題での協力への期待感と経済関係の深さから、中国とのバランス外交を重視する傾向がある。保守、進歩いずれの政権でも同様で、朴槿恵政権の初期は日米両国から対中傾斜論が広がっていると警戒されるほどだった。こうした過去の経緯から、日本政府内で尹錫悦氏の発言を真正面から受け止める雰囲気は皆無だった。

E氏と同じ頃、最も率直に吐露したのが、日本政府関係者C氏だ。

「日本の外交政策に携わっている人の中で、韓国をクアッドに入れようと考えている人はいません。ひとつには、感情的な問題があります。クアッドはこれまで局長級から日本が作り上げてきた枠組みです。突然、韓国が入ってくることを歓迎する雰囲気はありません」

日本政府関係者がストレートに「感情の問題がある」と言及するのは珍しい。政治家が情の世界であるのに対して、官僚は合理的な政策を進言するのが一般的だ。いかに日本政府内で韓国への不信感が根強いか、改めて感じさせられた一言だった。

そうした日本国内の見方を払拭させたのは、尹錫悦政権が２０２２年12月に韓国版の「インド太平洋戦略」を発表したことだった。「自由・平和・繁栄のインド太平洋戦略」を標榜《ひょうぼう》し、米韓同盟と日米韓協力の強化が柱で、自由や法治、人権などの価値観を共有する国家と連帯する方針を強調した。日米両国が対中けん制の際に使用する「力による一方的な現状変更に反対する」、「台湾海峡の平和と安定が重要」との文言も盛り込んだ。中国については「相互尊重と互恵に基づき共同利益を追求」と一定の配慮をしたものの、過去、韓国の政権がここまで日米両国の外交方針と足並みをそろえたことはなかった。

ハイライトは、２０２３年８月18日に米キャンプデービッドで開かれた日米韓首脳会談だった。３カ国会談はこれまで国際会議に合わせて実施されており、単独開催は初めてとなった。会談後の共同声明では、首脳会談を少なくとも年１回は開くよう「定例化」を明記したのが最大の目玉だった。中国についても名指しした上で、「インド太平洋地域の水域におけるいかなる一方的な現状変更の試みにも強く反対する」と批判した。３カ国がそろって中国を明示的に非難したのは初めてだった。

尹錫悦氏はソウルに帰国した直後の８月21日、閣議で３カ国協力の重要性を強調し、全世界の在外公館や各省庁で日米韓協力を進めることを指示した。韓国政府関係者Ｉ氏は、中東や南米など反米感情の強い地域もあるとして、「あえて日米韓の枠組みまで作らなくても、という場所もあるのですが」と苦笑いしたほどだった。

中国が日中韓の枠組みに前向きな姿勢を示し始めたのは、この頃のことだった。日米韓協力の強化を受けて、中国が日韓両国に秋波を送ってきたというのが衆目の一致する見解だった。東京電力福島第１原発の処理水の海洋放出をめぐって日中関係は冷え込んだものの、２０２３年11月26日、４年ぶりに韓国・釜山で日中韓外相会談が開かれたのに続き、２０２４年５月27日、ソウルで日中韓首脳会談が開催された。

たった数年間で韓国政府の外交方針が１８０度変化したのを受け、日本政府の対韓認識も大きく変わった。そのひとつの指標である、国会での首相の演説を時系列で追ってみる。「韓国は重要な隣国です。現在、両国の関係は非常に厳しい状況にあります。健全な関係

に戻すためにも、わが国の一貫した立場に基づき、韓国側に適切な対応を強く求めていきます」（2021年1月、施政方針演説）

「韓国は、国際社会におけるさまざまな課題への対応に協力していくべき重要な隣国です。国交正常化以来築いてきた友好協力関係の基盤に基づき、日韓関係を健全な関係に戻し、さらに発展させていく必要があり、韓国政府と緊密に意思疎通していきます」（2022年10月、所信表明演説）

「韓国との間では、尹大統領との個人的信頼関係をてこに、幅広い連携を深めています。8月には、キャンプデービッドで日米韓3カ国のパートナーシップの新時代を拓《ひら》いていくという決意を内外に示すことができました。経済安全保障を含め、3カ国での戦略的連携を進めます。また、日中韓の枠組みについても前進をさせます」（2023年10月、所信表明演説）

徴用工問題をめぐって冷え込んでいた2021年からわずか2年半あまりで、韓国をグローバルなパートナーとして位置づけるようになったことが読みとれるだろう。それは、詳述してきたように、徴用工問題の解決や日米韓連携の強化などに取り組む尹錫悦氏の手腕によるところが非常に大きい。

韓国の対中感情の急激な悪化

韓国の対中政策は、なぜこれほど大きく変わったのか。背景には、韓国国内で急速に対中感情が悪化したことがある。筆者がソウルに赴任した２０１３年頃と比べると、文字通り隔世の感があるほどだ。

前述のように朴槿恵大統領は政権初期、対中関係の強化に注力しており、韓国の歴代大統領として初めて就任後の外国訪問先を米国に次いで中国を選んだ。２０１５年9月には、中国が開いた「抗日戦争勝利70年」の記念式典に出席し、天安門城楼の最前列中央で習近平国家主席と並んで軍事パレードを観覧した。文化や人的交流も活発化し、学生や社会人の中国語学習熱も高かった。韓国映画やドラマの制作会社は中国を一大市場と見ており、中国国内でも好感されていた。

大きな転機となったのは、２０１６年1月にあった北朝鮮による4回目の核実験だった。朴槿恵氏は、蜜月な関係を築いていたはずの習近平氏が核実験から1カ月もの間電話協議に応じず、国連安全保障理事会での対北朝鮮制裁決議に慎重姿勢を見せたとして失望した。朴槿恵氏は、それまで対中配慮から配備を見送っていた地上配備型迎撃システム「終末高高度防衛（THAAD）ミサイル」の在韓米軍への配備を決断する。これに対して中国政府は強く反発し、韓国への観光旅行の制限や、韓国ドラマの国内での放送禁止などの対抗措置を次々に打ち出した。こうした中国側の対応は、韓国国内で対中感情を悪化させた。

このほか、①韓国の大気汚染は中国に原因があるという見方の広がり、②中国政府の新型コロナウイルス感染症への対応、③香港でデモに参加した多数の若者が国家安全維持法違反を理由に拘束・逮捕された問題なども影響を与えた。こうした出来事は、中国が共産主義という異なる体制にあることを韓国国内で再認識させ、結果的に中国離れを招く要因となったと言える。

２０２３年は特に両国の外交的な対立が目立った。なかでも注目されたのは、中国の邢《けい》海明《かいめい》・駐韓大使が6月、李在明氏との会談の席で、米中対立に関連して「米国が勝利し、中国が負けることに賭ける人たちは、必ず後悔するだろう」と暗に尹錫悦政権の外交政策を批判した一件だった。この発言を受けて韓国外交部が邢海明氏を呼び、「内政干渉に該当する可能性がある」と抗議すると、中国外交部も韓国の鄭在浩《チョンジェホ》・駐中国大使を呼び出す応酬に発展した。中国が高圧的な対応をすればするほど、韓国では「属国扱いをするな」という反発が強まっていく構図である。

ここ10年ほどで、いかに対中感情が悪化したかを端的に表す世論調査結果がある。韓国ギャラップが２０２３年10月12日に公表した報告書『（韓国人が）好きな国、嫌いな国、生まれ変わりたい国』に出ているデータだ。同年２月10〜28日実施（n=1501）の世論調査の結果を、２００２年と２０１２年の調査結果と比較して、経年変化で追ったものである。

「韓国を除いて、最も嫌いな国はどこか」という問い（自由回答）に対し、「中国」との回答は２００２年は５％で４位だったのが、２０１２年は19％で２位に浮上、２０２３年は34％でトップに躍り出た。特に若年層ほど反中感情が強く、２０２３年調査で19〜29歳は実に44％が「中国」と答えて圧倒的な１位だった。30代も同じく44％で、60代以上の世代を除き全世代で中国がトップを占めている。

２００２年調査と２０１２年調査の１位はいずれも「日本」でそれぞれ33％、44％だった。２０２３年には24％で２位となって中国と逆転した格好で、韓国における不人気国が日本から中国へ移ったことが読みとれる。既述のように中国への感情が悪化していることのほか、日本との人的交流が拡大する一方、中国とは縮小していることや、韓国において中国の存在感が日本以上に大きくなった点なども背景として挙げられるだろう。

「韓国から中国に観光客が行かなくなりましたし、韓国メディア各社では北京特派員のなり手を探すのに苦労するくらい、人気がありません。研究者も、ともすれば拘束されるかもしれないので行きたがらないです」

韓国政府関係者J氏は2023年10月、苦笑しながら語った。中国国内ではNetflixや韓国大手ポータルサイトNAVERへの接続が制限されており、中国での不自由な暮らしは韓国人にとって耐え難いという。経済的には最大の貿易相手国であるものの、反スパイ法を理由に拘束される懸念から中国渡航を忌避する動きがあるのは日本も同様である。

「中国政府は、『ぜひ来てください』と言いながら、オンライン全盛の今の時代に、ビザ発給のために何回も大使館に出向かないといけないなど、いろいろと面倒です。辻褄《つじつま》が合わないとはっきり言っているのですけどね」。1時間あまりJ氏の話に耳を傾けながら、中韓関係は当面厳しい局面が続きそうだと感じた。

第5章　文化か外交か

1　文化交流の活性化には外交関係の安定化を（大貫・小針）

政権交代しても揺らがない関係構築に向けて

第4章では、国交正常化以降最悪と言われた2019年から劇的に改善した2023年までの、自治体交流や日韓両政府関係の復元の過程を記してきた。最終章では、政治と文化の在り方を改めて考えながら、人と人とのつながりの産物について触れたいと思う。

これまでの韓国の政権は、任期後半に支持率が低下するなど国内の政治的基盤が弱まると、日本への厳しい言動によって反転攻勢を図ることがあった。典型例が、本書ですでに何度か触れた李明博氏の竹島上陸である。前任の盧武鉉氏に続き、政権初期は対日関係改善に意欲を示しながら、後半には関係を悪化させるという負の流れを続けてしまった。文在寅政権も、最初の半年あまりは対日関係を安定的に管理しようと苦心したが、その後の展開は既述の通りである。

尹錫悦大統領についても当初は日本政府内で「最初はいいが、というパターンをまた繰り返すのではないか」という疑念があった。それが尹錫悦氏の有言実行ぶりを目にするうち、国内政治とは無関係に尹錫悦氏の任期中（2027年5月まで）は対日政策の基調が変わることはないだろうという安堵《あんど》感が広がっていった。「尹錫悦大統領は一貫性がある。あんな人は過去の韓国大統領にいなかった」と日本政府関係者F氏は高く評価する。

それだけに、今のうちに、韓国で政権交代があったとしても揺らぐことがないほどに協力関係を築き上げておかなければならない、と日韓両政府関係者は声をそろえる。尹錫悦氏が対日関係改善に尽力しただけに、前任者との差別化を企図する目的もあって、次の政権では揺り戻しが起きる可能性があるためだ。

米中対立の激化、欧州と中東での戦争の長期化など世界情勢が大きく変化する中で、東アジアの安定のために日韓両国が手を携える重要性は増している。2024年11月の米大統領選でトランプ前大統領が当選する可能性を見据えて、両国の有識者などで対応を話し合っておくことも有益だろう。

ただ、日韓間の最大の懸案である歴史問題は依然としてくすぶっている。徴用工問題では、韓国政府傘下の財団による解決金を対象者15人のうち4人が受けとりを拒否し、財団が裁判所に預けた供託金を韓国の地裁は受理しなかった。2023年12月には、元徴用工らが日本企業に損害賠償を求めた別の複数の訴訟で、大法院が賠償判決を相次いで確定させた。韓国では、人権問題は司法が積極的に介入すべきだというスタンスの裁判官も少なくない。尹錫悦氏が退任すれば、再び司法が発端となった外交問題が浮上する懸念は残る。「日本は保守政権が続くことを望んでいるでしょう。ならば我々を助けるために何か演出することはできないのか、というのが我々の立場です」

韓国政府関係者K氏は2023年11月、日本は韓国人の目に見える形で呼応する姿勢を示してほしいと率直に語った。先述のように、尹錫悦政権の対日外交は日本では好感されているものの、韓国では譲歩しすぎで得たものはないという否定的な見方がある。2024年4月の韓国の総選挙で与党が勝利するには、尹錫悦氏が対日関係を改善したことによる具体的な成果を国民に示すことが必要だ、というのがK氏の訴えだった。総選挙で対日政策は争点にならなかったが、結果として与党は大敗した。

韓国政府は一貫して、徴用工問題で日本の被告企業による拠出や謝罪を強制しない姿勢を示してきた。裏を返せば、自主的な拠出や謝罪を望んでいるということだ。「時間がかかっても、どんな形ででも拠出してくれれば本当の和解になるのですが……」と韓国政府関係者L氏はかすかな望みをつなぐ。

次善の策として韓国政府が期待するのは、経団連と全経連（現・韓国経済人協会）が共同で設立した未来世代のための基金への被告企業の自主的な拠出だ。韓国政府傘下の財団への拠出は元徴用工に対する賠償の性格を帯びるため、日本国内の世論や政府見解との整合性、被告企業の株主の反対などを考慮すると困難だろう。未来世代のためという名目であれば、賠償問題とは切り離せるため拠出できるのではないか。こうした行動があれば、被告企業の誠意として韓国の世論に一定の訴求力がある、ということである。

しかし日本側は既述の通り、歴史問題で踏み込む考えはない。韓国では1998年の日韓共同宣言をバージョンアップさせた「日韓共同宣言2・0」を策定すべきだという声が上がるが、日本の外交当局は歴史問題で再び謝罪の文言をめぐって摩擦が起きかねない、と懸念している。

2024年4月以降の各種選挙で、自民党の公認や推薦候補が相次いで落選し、岸田氏は9月に予定される自民党総裁選での再選が危ぶまれている。これまでは韓国の政権交代のリスクばかりが語られてきたが、先に日本の首相が交代する可能性が出てきた。岸田、尹錫悦両氏とも酒豪で知られ、自他ともに認める相性の良さだ。両首脳の属人的な要素を基盤とした関係改善は脆弱《ぜいじゃく》さがつきまとう。

それだけに、両政府間では若者による民間交流への期待感がますます高まっている。政治が今すべきことは、互いに受け入れ可能な協力案件を積み上げると同時に、交流を最大限支援するためにも、相手国の若者を失望させるような言動をとらないことではないか。その先に、首脳の顔ぶれが代わったとしても揺らがないような成熟した関係の構築があるのだろう。

1位から1％へ転落した韓国への修学旅行は回復するか

公立大学の教員である筆者（小針）は、静岡県内の高校から呼ばれて「出前授業」を高校生向けに行うことがある。高校から依頼されるパターンとして、「韓国への修学旅行を控えているので、生徒たちへ現地事情を講義してほしい」があった。ところが、修学旅行を理由にした依頼がいつの頃からか皆無となった。コロナ禍で海外への修学旅行が全国的に自粛となる２０２０年以前のことだ。２０１４〜１５年頃に、複数の高校の教員に聞いたところ、「韓国への修学旅行そのものが取りやめになった」と口々に言うのだ。

その理由は明瞭だった。生徒ではなく、「韓国へ行かせたくない」という声が親から多く寄せられるようになったからだ。北朝鮮が3度目の核実験（２０１３年2月）に踏み切るなど、時の朝鮮半島情勢の緊迫化もあるが、それよりも、「反日の国へ子どもを送るのは危険だ」といった声など、外交対立と「嫌韓」感情を理由にしたものが主だったという。

李明博氏の竹島上陸や朴槿恵氏の「告げ口外交」のような対日批判などが背景にある。

これは、静岡県だけの現象ではなかった。表6のように、日本修学旅行協会の調査によれば、日本の中高生の海外修学旅行の行き先（国・地域別）は、２０１２年度まで一貫して韓国が1位だった。ところが、２０１３年度に6位となり、その後、8位、12位と順位を落とし、コロナ禍前の２０１９年度には14位にまで落ち込んだ。海外修学旅行は「安・近・短」（安い旅費、近場、短い日程）での移動が可能な場所が選定されやすい。２０１２年度以前は6位以下だった台湾が、２０１４年度からずっと1位をキープしている。

図3は、２０１９年度の行き先別件数の割合である。台湾が1位で25・2％、以下はシンガポールが14・2％、マレーシア10・8％、オーストラリア9・4％と続き、韓国はた

表6　日本の中高生の海外修学旅行の訪問国・地域別順位の推移（2011～19年度）

	2011	2012	2013	2014	2015	2016	2017	2018	2019
韓国	1	1	6	8	12	9	11	13	14
オーストラリア	2	2	3	2	3	2	3	4	4
シンガポール	3	3	1	3	2	3	2	2	2
台湾	8	6	2	1	1	1	1	1	1

出所：『海外教育旅行の実態とまとめ（中・高）〈抜粋〉』各年度版、日本修学旅行協会、2013～2020年より作成

図3　日本の中高生の海外修学旅行の訪問国・地域別件数の割合（2019年度）

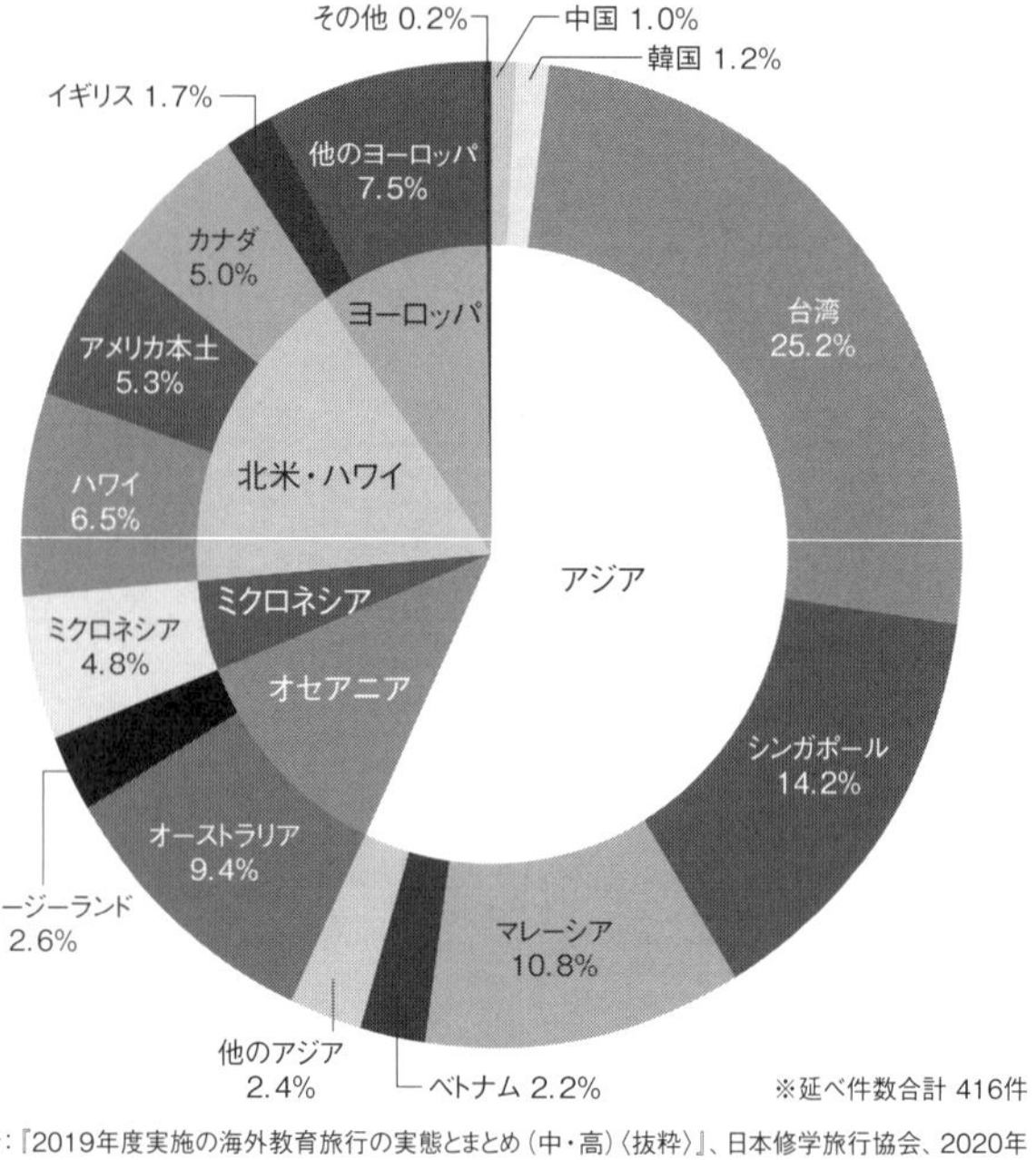

※延べ件数合計 416件

出所：『2019年度実施の海外教育旅行の実態とまとめ（中・高）〈抜粋〉』、日本修学旅行協会、2020年

った1・2%なのである。図には記載していないが、件数では韓国は5件（最後の1位となった2012年度は49件）で、中国（4件）と大差がなく、100件を上回った台湾に大きく水をあけられている。

日本の中高生の修学旅行先として、多くの学校で韓国が選ばれるようになるまでには、日韓の関係者が相当な努力をした模様だ。日本修学旅行協会の資料によれば、戦後初の海外修学旅行は1972年で、5月に宮崎第一高校（47人）、10月に近江兄弟社高校（91人）が、それぞれ実施しており、行き先は韓国である（『教育旅行年報データブック2023』）。この2校はいずれも私立で、韓国との特別な関係があるため（姉妹校の存在など）、実現したのではないだろうか。福岡県立小倉商業高校が公立高校として初めて韓国への修学旅行を実施したのが、1984年10月であった（小倉商業高校同窓会・紫水会ホームページ）。

筆者が目撃したのは、韓国観光公社の人々の熱心な誘致活動だ。70年代の韓国は経済成長期を迎えたとはいえ、日本よりも貧しく、80年代の後半までは軍事政権下でもあった。特に、全斗煥政権下の韓国への「眺め」は「明」よりも「暗」であった。そんな中で、東京、大阪、福岡などにある同公社の駐在スタッフが、日本全国の高校を回って、韓国への修学旅行をアピールした。高校の教員たちも「政治の韓国」とは異なる、修学旅行先としても相応しい「文化の韓国」を見出していったのだ。

また、日本国内では、制度的にも韓国をはじめとする海外修学旅行が実施しやすい状況への整備がなされていった。『教育旅行年報データブック2023』によれば、1983年に日本航空と日本アジア航空が韓国、中国、台湾への修学旅行団体に対する「修学旅行特別運賃制度」を導入し、1988年には文部省（現・文部科学省）が海外への修学旅行を禁止しているものではないとの考え方を明確にした。こうしたことは、韓国への修学旅行には追い風となった。

海外修学旅行の行き先として、韓国がずっとトップであったのは、「安・近・短」だけでなく、ほかの国・地域では得られない教育的効果があったからであろう。筆者が「出前授業」で出会った生徒からも、「いろいろなことを学んだ。韓国の高校生との交流会でのお別れの際は涙が止まらなかった」と帰国後に聞いた。国土交通省観光庁が発行した『海外教育旅行のすすめ～再開・回復に向けて～2022』（2022年）には、2019年に韓国への修学旅行を実施した高校の教職員が、現地での姉妹校の授業に小人数に分かれて参加した感想として、「各クラスとも歓迎の気持ちを表す日本語で『ようこそ』『かわいい』等の板書や日本のアニメ・菓子などの用意があり、生徒同士が打ち解けるのに時間はかからない」とコメントしている。そこには、「反日」などは存在しない。また、「政治的な状況の影響もあり、行くまでは不安を感じる生徒も少なくありませんでしたが、全体を通じて現地での歓待ぶりに、個人と個人の交流の楽しさ、信頼関係の尊さを理解してくれて、嬉しいと感じています」とも。韓国への修学旅行は、両国関係を離れても、「個」や「信頼」といった普遍的な学びが得られるという実感を教育現場に与えた。

こうした流れの中で確立された、海外修学旅行先としてのトップであったのに、韓国はそれを手放してしまったのだ。修学旅行先は、生徒の希望だけで決まるのではなく、保護者である親の意見が尊重される。韓流の隆盛で韓国文化好きの高校生が増えたからといって、教育行政が関与するような交流ではそれがうまく結びつくわけではない。文化交流のことだけを考えていればよいわけではなく、両国間の政治・外交関係が第一に安定しないと、あるいは言い方を換えると、関係が悪化すれば、改善に向けて関係者が真剣に取り組まないと、青少年交流へも顕著に悪影響を及ぼす例であろう。

日本の中高生の海外修学旅行をめぐるデータは、「政治と文化」は別であって、「文化交流が進んでいけば、両国関係は大丈夫だ」という楽観論への警鐘となるものである。

コロナの鎮静化と日韓間の政治・外交関係の改善を背景にして、韓国政府は日本からの修学旅行の復活に力を入れ始めた。２０２３年３月20日、文化体育観光部はコロナ禍以降初となる日本の高校生（熊本県の私立ルーテル学院高校の生徒37人）が修学旅行で21日に訪韓すると発表した。また、８月には同部と韓国観光公社が、日本の教職員と地方自治体の関係者ら１００人を招いて修学旅行モデルツアーを実施した（聯合ニュース、２０２３年８月２日）。それ以前からも、福岡や静岡などで説明会を開催して、誘致に乗り出している。

コロナ禍のＳＮＳ上で「渡韓ごっこ」や「韓国っぽ」という言葉に触れてきた現在の日本の若者こそ、韓国にとっては魅力的な誘致対象である。韓国が軍事政権だった時代と比較したら、生徒たちの韓国旅行へのモチベーションは格段に異なるだろう。彼ら／彼女らは物心ついた時から、韓国ドラマやＫ‐ＰＯＰなどの韓国文化をシャワーのように浴びて育った。韓国は再び、海外修学旅行の行き先１位を奪還できるだろうか。

外交関係に左右される紅白歌合戦のＫ‐ＰＯＰ組出場数

日韓をめぐる「政治と文化」でもうひとつ触れたいことがある。「ＮＨＫ紅白歌合戦」だ。第２章で、２０２２年（第73回）では韓国人メンバーがいない NiziU などを含めた「韓国勢」が５組も出演し、週刊誌が「韓流とジャニーズばかり」、「まるで『韓流歌合戦』」などと書いたことに触れた。

ところが、2011年から2012年にかけてはまったく逆のことがあった。第62回（2011年）は韓国から東方神起、KARA、少女時代の3組が出場していたのに、第63回（2012年）は完全に消えたのだ。李明博氏の竹島上陸（同年8月）などで日本社会の対韓感情が悪化したからだと噂された。このことを『日経産業新聞』（2012年12月7日付）は、2012年の音楽市場を回顧する記事「アジア吸引、音楽市場熱く——国内ソフト生産　14年ぶり増」で、次のように報じていた。

「音楽ソフト市場が上向いたのは『韓流』『アイドル』『大人向け音楽』の3つで同時ヒットが続いたためだ。中でも韓国人歌手は音楽ソフト会社にとってはドル箱。右肩下がりの国内市場にも関わらず、11年度に244・7億円を売り上げた。市場全体の7・8％を占め洋楽、邦楽に続く一大勢力を築く。／今年もその勢いは止まらない。『女性ダンスグループのKARAと少女時代だけで売上枚数は190万枚に達した』（ユニバーサルミュージックの藤倉尚《なおし》副社長）。知名度の高いトップアーティストでさえ100万枚のヒットが難しい昨今だけに、音楽ソフト会社の力も入る。／そんな中、こうした潮流と逆行するニュースが音楽ファンの間を駆け巡った。NHKが今年の紅白歌合戦に韓国人アーティストを出場させないと決定。その理由について、6日会見した松本正之会長は『今年の活躍、世論の支持、番組の企画演出の3点を基準に歌手を選んだ。政治問題は関係ない』と強調した」

当時のNHK会長の見解は、額面通りには受け止められるムードではなかった。たとえば、『朝日新聞』の投書欄（「声」）を見ると、「韓国の出場者ゼロ納得できぬ」（東京都、43歳女性、12月2日付）、「Kポップ　なぜ紅白外された」（広島県、30歳女性、12月7日付）などと、NHKが政治と文化を切り離さず、隣国の歌手を外したのではないかとの疑念を呈する意見が載っている。「韓国人歌手は音楽ソフト会社にとってはドル箱」といわれた時期でもあったので、こうした意見が出るのは自然であろう。

「政治」を考慮するのはやむを得ないとする、次のような意見もあった。「背景は李明博大統領の竹島上陸や天皇批判発言で日本世論の対韓感情が悪化しているためだろう。日本の韓流ファンも不満だろうが外交や国際情勢を考えるいい機会だ。同時に日本の歌やドラマ、映画は韓国のテレビ（地上波）では依然、禁止されているという、非友好的な驚くべき実態にも注目し、韓国に強く文句をいってほしい」（黒田勝弘「ソウルからヨボセヨ『紅白』に不満言う前に…」、『産経新聞』２０１２年12月１日付）。その不満を、「政治と文化」を結びつけている韓国政府の旧態依然とした対日政策への抗議としても、示すべきだとする主張である。

ただし、日本歌謡の「文化」を象徴する紅白歌合戦の出場者をめぐって、「政治」が選定基準のひとつとして入り込んでよいのかどうかは、議論の必要がある。

２０１２年の第63回で「韓国勢」がゼロになった際に「政治問題は関係ない」とその理由を当時のＮＨＫ会長が述べる１カ月以上前、石田研一放送総局長が韓国人歌手の紅白歌合戦出場に関する質問に「政治と文化は違うというスタンスで考えたい」と明らかにしていた（『日刊スポーツ』電子版２０１２年10月24日付）。同年８月の李明博氏による竹島上陸に端を発した状況下でも、韓国人歌手を出場させる可能性を示唆したと理解され、激しい反発も発生していた。「『紅白歌合戦』に韓流スター出場？　ＮＨＫ放送総局長発言にネットで『ふざけるな！』」（『Ｊ－ＣＡＳＴニュース』２０１２年10月25日）によれば、ネット上の掲示板やブログには、「なにこの韓国人歌手を紅白に出すのが当然みたいな流れ、うざいわー、気持悪いわー」、「一年の最後の最後に、日本国民の気分が害されます」、「どこの国の放送局だよ。放送免許取り消せよこんな売国局が」といった書き込みが溢れたという。

政治・外交対立により隣国の大衆文化を楽しむことを好ましく思わない空気感を、NHKは重視したのであろう。「政治」をどう定義するかによって異なるが、こうした空気感への忖度も「政治」と言ってよい。2012年の選定基準を、当時の会長は「今年の活躍、世論の支持、番組の企画演出の3点」と説明していたが、このうち「世論の支持」とは、歌手の実力をめぐる「文化」的な評価ではなく、「政治」に起因する空気感を意味するということか。

その一方で、この年は「韓国人歌手は音楽ソフト会社にとってはドル箱」と言われるほどに、「今年の活躍」を示した。言うまでもなく、儲《もう》かったのは韓国人だけでなく、K－POPを扱う日本の音楽業界も利潤を得ており、それは日本の音楽ファンの間で強く支持されたからだ。これも、もうひとつの「世論の支持」であろう。

ところで、先の指摘にもあったように、日本の歌やドラマはいまだに韓国の地上波テレビでは放映できない。一部の「国民感情」を忖度した器の小さい「政治」の行為だ。「器の大きさ」や「自制力」が、メタのソフト・パワーを構成するという意味では、日本大衆文化を完全開放していないのは、韓国にとってマイナスだ。

2023年7月、文化体育観光部はOTTサービス（Over-the-Top media service）によって公開される日本のドラマやバラエティ番組を、リアルタイムで視聴できるように制度を変更したことを明らかにした（聯合ニュース、7月12日）。具体的には、Netflixなどによる日本のオリジナル番組の視聴に対する規制を撤廃したということである。

Netflixを通じた日本における韓国ドラマの盛り上がりを考えると、OTTサービスでの規制を撤廃したと言っても、「何をいまさら」ではある。それでも、規制撤廃に際して、文化体育観光部の朴普均《パクボギュン》長官は「世界基準を満たさない古い規制を打破するため、等級分類規制を撤廃することを決定した」と、国際標準ではなかったことを認めている（ニュースワン、2023年7月12日）。

そもそも韓国社会が日本大衆文化を解禁してこなかったのは、主に国民感情の側面、経済（自国の文化産業保護）の側面、政治（外交カード）の側面の3点からであった。段階的ながら、金大中・盧武鉉両政権は推進したが、李明博・朴槿恵・文在寅各政権は手を付けなかった。筆者は、この3つの政権期にそれぞれの政権に近い人々や影響力を持つ人々へ、「日本には外国の大衆文化の流入規制は一切ない。だからこそ、これだけの韓流ファンがいる。文化大国の韓国が、いまだに特定国の大衆文化を完全開放していないのはおかしい」と、完全開放をすべきだと言い続けてきた。「ご無理ごもっとも」という対応はしてくれるのだが、相手にされなかった。印象にすぎないが、政界関係者は一部国民からの反発を憂慮し、官界関係者は対日外交カードのひとつとして考えているようだった。

「政治」と「文化」を結びつけるのは得策ではなく、日本がこれを真似る必要もない。紅白歌合戦の出場をめぐり、ジャンルやファン層のバランスを考えるのはあり得ても、「政治」の理由からの「排除の論理」や「出場枠の拡大」が適用されるのは不合理である。

ロシアによるウクライナ侵略があった直後、日本でも演奏会のプログラムから、予定されていたチャイコフスキーの曲が外されたケースがいくつかあった。それでも、欧米の動きとは異なり、ロシア出身の芸術家を締め出すような動きが日本では見られなかった(『毎日新聞』2022年3月16日付)。恵比寿駅改札内のロシア語の乗り換え案内表示を、JR東日本が「調整中」と書いた紙で覆い隠す出来事が2022年4月に発生したものの、批判にさらされると原状回復された。その後、戦争は続いていても、「政治」を理由にロシア文化を排除する動きは聞かない。「政治」と「文化」の距離を保とうとするムードは健全である。

2　それでも文化交流・人的交流は重要だ（小針・大貫）

文化接触では相手国への政治・外交面でのシンパシーは生まれない

「韓国のアイドルが好きだからと言って韓国の国自体が好きなわけではない人もいます。政治を文化やエンターテインメントに結びつけないでほしい」――これは、日韓間の政治・外交対立が最も激しかった頃の『朝日新聞』電子版によるアンケートに寄せられた埼玉県の10代女性の声だ（『朝日新聞』２０１９年11月３日付）。「韓国文化好きイコール韓国支持だ」と拡大解釈しかねない韓国の政官界やメディア関係者だけでなく、「韓国」なるものに疑念を持つ多くの日本の人々へ向けた言葉でもあろう。

そもそも、隣国の大衆文化に好意を持っているからといって、隣国の「国家」、ましてや時の政権による政治・外交政策を支持しているわけではない。これは、韓国で日本の大衆文化や小説を好む人々も同じである。

たとえば、韓国では日本の小説を人々はどのような思いで読んでいるのだろうか。教保文庫のホームページには、韓国で出版されたほとんどの本に関して、１冊ずつのレビューコーナーを設けている。そこに掲載された江國香織作品『いつか記憶からこぼれおちるとしても』のレビューを覗《のぞ》いてみた。この本は、日本では朝日新聞社から2002年に発刊され、2005年に文庫版が出ている。韓国での翻訳版は小膽出版社から2006年に出版され、2021年に再出版されている。次のレビューは、2021年版に関するものである。

「彼女特有の淡々とした文体が、私の心を落ち着かせてくれると期待しながら読みました。（中略）江國香織の本を読むと、立ち止まりながら、登場人物がどんな気持ちだったかを噛《か》みしめる場合が多い」（2021年12月24日投稿）、「江國香織の作品は、再出版されたものでも再読しています。あまりにも彼女の作品が好き過ぎて、すでに読んだ本でも、初めて読むように新鮮です」（2021年12月27日投稿）、「葉がカサッと落ちるように、江國香織の文章は、私をいつも静かに揺さぶります。どんな材料の、どんなテーマの本でもそうです。江國香織の本は全部集めて、蔵書しています。（中略）江國香織の小説は、無意味さに意味を加えてくれる。私自身を、その中に投影させる魅力があります。おそらく、私が江國香織の小説に自分自身を投影させているのかもしれません」（2022年1月9日投稿）

作家や作品に感情移入している書き込みが並ぶ。50件のレビューがあり、出版社から本の寄贈を受けた読者も含まれるとはいえ、その平均点数は10点満点で９・９点だった（２０２３年12月時点）。ほかの日本人作家による作品のレビューもザッと見てみると、同じような好意的な書き込みが多い。日本の作品だから、日本人作家だからといって、揶揄するような記述は皆無だ。逆に、そこから日本的なるものへの賞賛もない。ましてや、日本との外交関係を意識させるような記述もない。

では、この頃の日本と韓国の関係はどうであっただろうか。韓国の警察トップである金《キム》昌龍《チャンニョン》警察庁長官が２０２１年11月16日に竹島を訪れて、林芳正外相が即日「到底受け入れられず、極めて遺憾だ。わが国の領土、領海、領空を断固として守り抜くとの決意の下、毅然《きぜん》と対応していく」と韓国政府へ抗議するといった場面があった。２０２２年１月28日には、「佐渡島の金山」を世界文化遺産候補として推薦する日本政府の方針をめぐって、今度は、韓国の崔鍾文《チェジョンムン》外交部第2次官が「第2次世界大戦時の韓国人強制労働被害の現場」との主張から「中断」を求めて、相星孝一・駐韓大使に対して抗議する動きもあった。

日韓間の外交対立の火種が絶えない「戦後最悪」の状況であっても、江國香織ファンは動じることはない。立証は難しいが、日本人作家のファンであれ、日本の音楽、ドラマなどの大衆文化のファンであれ、外交対立の影響は感じられない。文化を普遍的な「文化」として楽しんでいるのだから、当たり前のことだ。外交関係の良し悪しが、マイナスにもならなければ、プラスにもならないのだ。

筆者（小針）らは日本の韓流ファン女性を対象に、複数のグループインタビュー（FGI＝focus group interview、集団面接法）を2005年7月に試みたことがある。そこでは、「（問）盧武鉉さんが外交に関して厳しいことを言っても、韓国のドラマを見るのをやめようとか、そういう気持ちにはならないですか↓（答）ならないですね」というやりとりが多々見られた。政治・外交関係の悪化が、必ずしも大衆文化接触に影響を及ぼすとは言えない。

それでは逆に、ある国の大衆文化や小説に触れることによって、政治・外交面でもその国へのシンパシーを感じるようになるのであろうか。

たとえば、筆者らが2005年に行った韓国の大学生を対象にした調査（n=892）では、「朝鮮半島植民地化を日本は謝罪したと思うか」との問いに「謝罪していない」とした回答は、日本の映画・ドラマを「見たことがある」人で59・2％、「見たことがない」人で55・4％と、前者のほうがむしろ厳しい見方をしていた（小針進・渡邉聡「最新意識調査か

ら読みとる　韓国の大学生は、こう考えている」、『中央公論』２００６年３月号）。また、２００９年２月に筆者らが満18歳以上60歳未満のソウル市民を対象に実施した調査（n=600）では、竹島問題についての問いに「日本との関係が悪化しても独島領有権を放棄すべきでない」という選択肢を選んだ人の比率が、過去半年間に日本のドラマを「見たことがある」人も、「見たことがない」人も、54・２％と同率であった（渡邉聡・小針進編『静岡県立大学教員特別研究推進費［平成20年度］「日韓大衆文化の相互受容と対外意識を含む社会意識」（研究代表：渡邉聡）調査結果報告』２００９年、未公刊資料）。

ある国の大衆文化への接触とその国への態度との相関を考えると、大衆文化への接触が政治・外交面でのその国のシンパを作るわけではなさそうである。ただし、ある国の大衆文化に接触している人のほうが、相手の国に対して親近感を抱いていることは、いくつかの調査で明らかになっている。たとえば、右の２００５年の調査でも、日本に「親しみを感じる」「どちらかといえば親しみを感じる」と答えた人の割合が、日本の映画・ドラマを「見たことがある」人の場合は54・１％に及んだのに対して、「見たことがない」人の場合は41・１％であり、両者には13ポイントの差があった。

ただし、日本の大衆文化に接触したから（原因）、日本に対して親しみを抱くようになった（結果）とは、結論づけることはできない。もともと、日本に親しみを抱いているから（原因）、日本の大衆文化に接触した（結果）という可能性もあるからである。つまり、相関関係はありそうだが、因果関係はわからないのである。

無視できない日韓文化「共感」の時代

こうした因果関係をめぐっては、日本における「韓国に対する好意度」と「韓国ドラマの視聴」の関係を、第1章で紹介した石井健一氏を中心に、構造方程式モデルという多変量解析（複数のデータの関係や差をまとめて解析する方法）の手法を使って、２０１４年に調査（n=800）したことがある。

詳細は、石井健一・小針進・渡邉聡『日中韓の相互イメージとポピュラー文化―国家ブランディング政策の展開』所収の論文に譲るが、結果は「韓国ドラマの視聴」と「韓国に対する好意度」の間のどちらのパス係数（因果の大きさ）も統計的には有意でなかった。「韓国に対する好意度」から「韓国ドラマの視聴」へ向かうパスの係数が０・１５５であるのに対して、むしろ、「韓国ドラマの視聴」から「韓国に対する好意度」へ向かうパスの係数は０・０９５と小さかった。因果の方向性としては、「韓国ドラマを多く見ている人が、韓国に対する好意度が高い」という方向の可能性が高いということにはならなかったのである。「欧米ドラマの視聴」と「米国に対する好意度」に関しても分析したが、両者の間のどちらのパス係数も統計的には有意でないという結果が出た。

しかし、統計的な分析とは別に、ある国の文化に接したため、その国に対する「眺め」が好転したという話は、無数にある。

「これまでの私の韓国に対する『眺め』は決して良いものだったとは言えません。テレビでのネガティブな報道、インターネットをはじめとする世論など長年私の中にマイナスなイメージが蓄積され続けていました」とは、慶應義塾大学経済学部のQ君（男性）が書いたミニレポートの冒頭だ。法学部にいる親友の影響で、K－POPに触れることとなり、その完成度に驚くようになった。そして、「私の韓国に対する『眺め』はその文化を通して以前より良いものになってきています。先日行われた2023アジアアーティストアワードでも私の推す櫻坂46と多くの韓国アーティスト・グループが共演し記念撮影やダンスを披露していました。この時の様子はまさにお互いにとって良い文化交流だと思って見ていました。まだまだ様々な国際的問題を抱えつつも、お互いの良いところを尊重しながらともに前に進める日韓であれたらいいなと願っています」と書いていた。

アジアアーティストアワードとは、アジアと韓国で活躍した歌手と俳優に対して賞を授与する催しで、２０１６年から韓国のメディアなどが主導しているものだ。２０２３年はフィリピンで12月14日に開催され、米動画配信大手 Hulu を通じて配信された。

Q君のように、自国と諸問題を抱え、良いイメージがなかった隣国に対して、若者が文化接触を通じて、敬意を持つようになり、前向きに両国関係を考えるようになったというのは、日本にとっても、韓国にとっても、悪いことではない。

なお、Q君の「推し」である櫻坂46は、韓国でもファンが多い。YouTube で配信されたアジアアーティストアワードのPR動画では、メンバーの３人が韓国語で挨拶をした。この動画に付随するコメント欄には、ファンと思われる韓国人（おそらく若者）が、「メンバーたちが韓国語で挨拶だなんてㅜㅜㅜ感動だよ。本当に……いつか韓国でもぜひ舞台に立ってくれ！」と書き込みをしていた。

櫻坂46は、言うまでもなく秋元康氏がプロデュースしている。第３章で取り上げた「右翼的だ」といった同氏への一部誹謗にもかかわらず、文化を「文化」として楽しみ、J－POPに共感している若者が多いということでもある。前述の江國香織作品に共感する人々に対しても同様だが、こうした人々を無視すべきではない。

過小評価してはいけない人的交流の効果と若年層への期待

ところで、日本政府観光局の発表（2024年1月17日）によれば、2023年に日本を訪れた韓国人は696万人に及んだ。コロナ禍前の2019年と比べ24・6％増であり、訪日外国人の中で最も多い。韓国人が日本旅行をすることで、その対日意識には影響があるのだろうか。

筆者らが、韓国の若年層を対象にして実施した調査（n=900）では、「日本」、「日本文化」に対する好感度のいずれについても、「訪日経験なし」の人よりも、「訪日経験あり」の人のほうが、好感を持つ人の割合が高かった（表7を参照）。同調査は2011年に実施したので、「東日本大地震が発生した時、被害をこうむった日本人たちを見てどう思ったか」とも問うたが、「日本人たちの被害に共感して胸が痛かった」と答えた人は、「訪日経験なし」の人は57・4％にとどまったが、「訪日経験あり」の人は72・0％に及んだ。

他方、訪日する韓国人旅行客の特徴は、若年層が圧倒的である点だ。第3章で2023年の訪日外国人の場合、20代以下が占める割合が韓国からは42・0％だと紹介したが、台湾（25・4％）、香港（25・5％）、中国（34・8％）と比べても高い（国土交通省観光庁『訪日

表7　韓国人若年層の日本、日本文化に対する好感度（訪日経験の有無別、％）

		とても好感を持っている Ⓐ	おおむね好感を持っている Ⓑ	Ⓐ+Ⓑ	別に好感を持っていない Ⓒ	まったく好感を持っていない Ⓓ
日本に対して	訪日経験なし	3.5	42.0	45.5	42.1	12.4
	訪日経験あり	8.9	49.8	58.7	34.3	7.0
日本文化に対して	訪日経験なし	13.2	50.6	63.8	28.3	7.9
	訪日経験あり	16.2	62.7	79.0	15.9	5.2

調査対象：韓国全土の満15歳以上満29歳以下の男女
調査標本：プログラム非参加者調査：900人　調査期間：2011年10月17日〜11月1日

出所：小針進・渡邉聡「韓日交流プログラムに参加した若年韓国人の対日認識—JENESYSプログラム参加者と非参加者への意識調査から—」、ソウル大学校日本研究所・韓日親善協会編『韓日間交流と国家親善』（J&C、2013年、韓国語）。

外国人の消費動向　２０２３年年次報告書』）。筆者は同年に７回ほど訪韓したが、日韓路線の機内を見渡すと、若い韓国人が多数を占めていることが実感できた。「日本旅行ブーム」は、若年層が主導しているのである。

第４章で紹介した韓国ギャラップの『（韓国人が）好きな国、嫌いな国、生まれ変わりたい国』（２０２３年２月調査）によれば、「韓国を除いて、最も好きな国はどこか」という問い（自由回答、カッコは記載した人の割合）に対し、19〜29歳の場合、①米国（21％）、②オーストラリア（11％）、③カナダ（10％）、④日本・スイス（各８％）、⑥英国（７％）、⑦フランス（５％）、⑧ニュージーランド（４％）、⑨ドイツ・シンガポール（各３％）がベストテンであった。これは全体（全年齢層）では日本が8位（3・8％）であることを考えると、若年層は日本が好きな人が多いと言ってよい。2022年8月9〜11日に実施された同じ機関による世論調査でも、「日本人」に対して好感を持つ人は全体では46％であったのに対して、18〜29歳では62％であり、「日本」に対してのそれは前者が21％で、後者が34％であった（『韓国ギャラップ・デイリーオピニオン』第507号、2022年8月11日）。

日本人や日本への好感度が、若年層では高い理由はさまざまに考えられる。一昔前の世代と違い、自国と比べて日本のほうが圧倒的な先進国であった時代を知らないだけに、対日コンプレックスのような意識が希薄だ。また、過去の歴史に対する意識も、一昔前の世代とは異なる。こうしたことのほか、第3章でも触れたので繰り返しとなるが、日本の大衆文化への接触や訪日経験なども影響しているのではないだろうか。

「初めて日本に来たのは、中学時代に家族旅行の時だった。食べ物が美味《おい》しい、風景が綺《き》麗《れい》だという想《おも》いだった」、「中学3年生の時、初めての日本旅行の行き先は大阪だった。似ているように見えても異なる部分も多い街並みから、新鮮な魅力を感じた」、「中学生時代、自然に日本の漫画やアニメ、グッズ、番組などを知った。クラスの中では『ONE PIECE』や『NARUTO』などの漫画が人気だった。日常生活で日本語をよく耳にしたため、日本に対する親近感が高まっていった」……いずれも慶應に留学中の韓国人学生が２０２２〜２３年にかけて、授業中にスピーチした内容の一部だが、このような話は若年層の韓国人からよく耳にする。

こうした数値や話を聞くと、各章で紹介した日韓両国の若年層の「眺め合い」を含め、日韓間の人的交流（単なる観光旅行を含む）や大衆文化交流を通じて、日本人と韓国人が文化を「共感」することを、決して過小評価すべきではないのではないかと感じる。

民間交流が新たな未来を拓く

「はじめに」でも触れたように、筆者（大貫）の本書執筆のきっかけは、日本の若者の間で韓国文化が急速に浸透する現状に時代の変化を感じたことだった。本書の締めくくりにあたり、文化を含めた民間交流が果たす役割について記したい。

「日本では、Ｋ－ＰＯＰの流行と政治が連動しているようには感じられません。この点において韓国とは差があるのでしょうか」

「韓国で若年層の日本への好感度が上昇傾向にあるというのは、尹錫悦政権の対日外交政策が背景にあるのでしょうか」

筆者は2023年11月8日、慶應義塾大学法学部へ出向いて朝鮮半島情勢に関する講義を行った。約300人の受講生の多くは3、4年生で、筆者が日韓関係の現状に関して50分ほど説明すると、次々に質問の手が挙がった。学生たちにとって、身近である韓国文化と政治の関係に関心が高いことが改めてうかがえた。

質問に対し、筆者は「日本と違って大統領制である韓国は、日本と比べると選挙での投票率が高いなど政治との距離が近い部分があります」と指摘しつつ、尹錫悦政権の対日外交政策の影響については、「あるとも、ないとも言えます」と両面あると答えた。

既述のように、韓国において日本への好感度は若年層ほど高い。尹錫悦氏が対日関係を改善したことで、周囲の目を気にせず大手を振って訪日旅行や日本文化を楽しめるようになった側面はある。

ただ、各種世論調査を見ると、尹錫悦氏の政策を支持しているため日本への好感度が高まった、とは言えない。韓国ギャラップが2023年12月27日に発表した尹錫悦大統領の支持率の年間統計（n=計4万5059人、月平均3755人）は高齢層ほど高く、同年12月に「うまくやっている」と答えた人は70代以上60%、60代48%に対して18~29歳はわずか19%にとどまる。一方、年齢が上がるほど日本への好感度は下がる傾向にあり、先に引用した同社の『（韓国人が）好きな国、嫌いな国、生まれ変わりたい国』の２０２３年調査を見ると、60代以上に限れば「最も嫌いな国」のトップは日本で30％に上る。これらの数字は、政権への支持と対日観は直接連動していないことを示している。

　別の言い方をすれば、政治が日韓関係に及ぼす影響は限定的になり、民間交流の存在感が増しているということではないだろうか。20世紀の日韓関係は、首脳やその側近など一部の政治指導者が国家間の関係を定め、民間レベルの交流や文化接触は限られていた。２０００年代に入って民間交流が拡大するにつれ、双方の国民ひとりひとりが政治を介さず肌感覚として相手国を知るようになった意義は大きい。

　取材を進める中で、民間交流の持つ力を再認識したことがあった。筆者が２０２３年12月６日にインタビューした三谷《みたに》博《ひろし》・東京大学名誉教授の経験談だった。これまで記してきたＫ－ＰＯＰなどの大衆文化からは少し離れるが、民間交流の重要性を考える上で示唆に富むため、紹介したいと思う。

　三谷氏は、２００１年に「新しい歴史教科書をつくる会」が編さんした歴史教科書（扶桑社）をめぐって日中韓３カ国で論争が起きたのをきっかけに中国、韓国の歴史家との対話を始めた。自身の専門は明治維新など日本の19世紀の歴史だが、隣国との歴史和解にも取り組まなければならないと考え、向き合うことにした。議論や研究を通じて交流が深まり、中国の歴史家とは2006年に共同出版もした。2016年からは民間財団の支援で、日中韓3カ国の自国史専門家と対話を続けている。「冷静な議論をするうちに深い信頼感が生まれてきたと感じています」と語る。

ポイントは、いずれも民間レベルで実施しているという点だ。政府レベルでは、2001年の教科書論争後、日韓、日中いずれも学識者による歴史共同研究が行われたが、双方の見解の溝が深まるばかりだったと言われ、三谷氏は「失敗だった」と評する。その原因について三谷氏は、政府レベルだと自国のメンツや利害を無意識のうちに背負ってしまうためだと分析する。これに対して、民間の場合はひとりの歴史研究者として参加するので、「国境を越えた対話が進んだ」と振り返る。

幅広い世代との対話が可能ということも民間交流の魅力だ。2024年に74歳を迎えた三谷氏は、韓国の20、30代と議論することもあるという。「韓国の若者の発想は大きく変わっています。日本人と仲良くしたほうが韓国にとってはるかに得で、楽しいととらえている」と実感しているそうだ。

インタビューは、筆者が記したコラムに三谷氏が便りを寄せてくれたことが契機となって実現した。コラムは第2章で記したように、韓国文化を楽しむ若者が歴史問題とどう向き合うべきか葛藤を抱えている、という内容だった。三谷氏は「次世代のために何か役立つことはないか」と、学生向けに作成した東アジアの歴史和解に関する講義の資料を添えてくださった。資料の「むすび」には「何より、親しい友達を作るのが大事。それ自体楽しいし、率直な対話から様々な側面が見えてくる」と記されていた。

楽しい——。日韓関係について取材を続けていると忘れてしまいがちな視点だ。K－POPや旅行を通じてであれ、難しいテーマである歴史対話であれ、隣国と交流を深めるのは純粋に楽しい。ならばその輪が広がっていくのはごく自然なことだ。楽しさとともに、時に悩みや違和感に直面しつつ、日本と韓国の人と人とのつながりが太くなっていく。こうした流れは両国が新たな関係に向かう芽となり、着実に育っていくだろう。

おわりに

小針 進

「とても嬉しいので、給料アップに見合った働きができるといいなあと考えています。K－POPが好きなので、ライブなどの遠征費に使っていきたいと思っています」

福岡市に本店を置くある銀行の新入行員の言葉である。2024年4月1日、入行式で頭取が新入行員へ4万5000円の賃上げをサプライズで発表したことを受けて、フレッシュウーマンがテレビ局のインタビューに答えたものだ。

堅い職業である銀行員の口から「K－POP」という単語が出てきたのを、テレビの全国ニュースで見るにつけ、本書でも見てきたように、日本社会では韓国の大衆文化はもはやマイナーではないのだなあと実感した。この前日には、落語協会で女性初の抜擢昇進で真打ちになったばかりの落語家の林家つる子氏（1987年生まれ）が、ゲスト出演していたラジオ番組で、聞き手の爆笑問題から日常のストレス解消法を聞かれ、「K－POP！」

と答えていた。

両者に共通していたのは、「はばかられる」という物言いでは一切なかった点だ。筆者が1981年に大学に入学して朝鮮語や韓国のことを学び始めた頃、韓国的なるものを他人へ言う際、「はばかられる」感があった。1980年代と2020年代では、日本における韓国や朝鮮半島への「眺め」がまったく異なるのだ。

本書では「眺め」という言葉を多用してきた。筆者は、鄭大均《ていたいきん》・東京都立大学名誉教授が、日韓間の相互意識を論じる際に使う「眺め」というワーディングに影響を受けた。同氏の『韓国のイメージ─戦後日本人の隣国観』（中公新書、1995年）では、90年代半ばまでの戦後日本における韓国に関する言説を、植民地体験型、贖罪《しょくざい》型、イデオロギー型、古代史型、異文化型という5つの関心型に分類している。さらには伝統的蔑視と同時に、文化的関心による韓国への「眺め」についても触れられていたものの、本書第2章で紹介した「令和の流行の発信地」といった「眺め」につながるような言説はなかった（なお、文在寅・尹錫悦両政権下での両国間の「眺め」の特徴については、2024年末頃刊行予定の小針進『日本と韓国の「眺め合い」を考察する』（霞山アカデミー新書）を参照されたい）。

80年代に筆者が持った「はばかられる」感のひとつは、韓国や朝鮮半島が絡むと、話し相手からはイデオロギー的立場からの批判、賞賛、沈黙、蔑視、贖罪などがついて回ることが多かったからだと思う。別の言い方をすると、それがたとえ韓国の「文化」に限定した話であっても、何らかの「政治性」を帯びていたのだ。

一方、新入行員や実力派落語家が発信した「K－POP」には、発言の側にも受け止める側にも「政治性」は介入しない。第1章で日韓間の外交関係が最悪であった時期に、若者の間で「渡韓ごっこ」が流行した話を書いたが、そんな時期でも「政治性」は微塵《みじん》もない。

「政治性」を帯びないのは、本書でも何度か指摘したように、隣国の大衆文化に好意を持っているからといって、その「国家」やその時の政権による政治・外交政策を支持しているわけではないことが、2020年代の日本社会ではおおむね認識されているからである。

韓国文化を楽しむ若者の多くは「政治」と「文化」は別と認識している。だからといって、文化を「文化」として楽しみつつも、「政治性」に無関心というわけではないことは本書を通じてご理解いただけたと思う。政治や歴史問題にどう向き合うか葛藤している若者が実に多く、この人たちは両国関係全般が良好であることを強く望んでいる。

したがって、一時の「戦後最悪の日韓関係」からは抜け出した段階でも、安定的な両国関係にとって火種となる事象への懸念の声も大学生らから聞いた。たとえば、歴代の東京都知事が行ってきた関東大震災時の朝鮮人虐殺犠牲者の追悼式典への追悼文送付の小池百合子氏による取りやめ（2017年～）、群馬県による行政代執行法に基づく県立公園「群馬の森」にある朝鮮人追悼碑の撤去工事（2024年1～2月）などだ。

もちろん、小池氏は虐殺を否定する発言はしていないし、群馬県の山本一太知事も「碑文自体に問題があるとは思っていない。（自分は）歴史修正主義者ではない」（『毎日新聞』2024年3月29日付、群馬版）と断言する。それでも「負の歴史は背負わない」との誤ったメッセージの発信にはなっている。本書では、「反日」言説とも言える韓国政界の「親日フレーム」現象や「旭日旗」騒ぎのような一部の人々とメディアによるレッテル貼りなど、韓国社会の問題点を多く指摘した。一方で、日本国内の動きも注視すべき点は多い。

本書では全章を通じて、大貫氏を含めた筆者は「政治・外交の関係が悪くても、文化交流・現象があるから問題ない」という楽観論へ警鐘を鳴らしたかった。日本と韓国の両国間の「眺め」において、政治・外交のほうが、文化よりも上位にあるからだ。

政治・外交関係が改善すれば文化交流などにもプラスに働くが、悪化すれば文化交流へはしわ寄せがあり、たとえ悪化した状況下で相手国の文化を積極的に受容する現象や交流があっても、政治・外交関係への好影響は限定的だ。国であれ、地方自治体であれ、両国の為政者や政治家は、文化交流の促進を叫ぶよりも、安定的な政治・外交関係の維持を意識してほしい。そのほうが、人々がのびのびと隣国の文化に接触できる環境が整う。

もちろん、「お金を出しても口は出さない」を意味する「アームズ・レングス（arm's length）の原則」のもと、商業ベースにはのらない諸交流への公的機関の支援は必要であろう。

本書をまとめるにあたり、静岡県立大学と慶應義塾大学を中心とする大学生諸君（卒業生を含む）の話が重要な柱となった。感謝したい。韓国文化好きの日本人学生が、政治・外交問題で「韓国寄り」になるわけでも、「嫌韓」を語る親御さんなどの影響で「韓国憎し」になるわけでもない。韓国人留学生も同様で、そのバランス感覚に敬服した。

最後に、企画の段階からアドバイスをくださり、本書を刊行へ導いてくださった集英社新書編集部の金井田亜希氏、細かい編集作業を担当してくださった同部の井上梨乃氏へ心から感謝の気持ちを記したい。集英社新書より2冊の労作があるライターの伊東順子氏のお力添えにもお礼を申し上げたい。

主要参考文献一覧

【書籍】

石井健一編著『東アジアの日本大衆文化』蒼蒼社、２００１年

石井健一・小針進・渡邉聡『日中韓の相互イメージとポピュラー文化―国家ブランディング政策の展開』明石書店、２０１９年

イ・ヒャンジン『韓流の社会学―ファンダム、家族、異文化交流』清水由希子訳、岩波書店、２００８年

小倉紀蔵・小針進編『韓流ハンドブック』新書館、２００７年

菅野朋子『好きになってはいけない国―韓国Ｊ‐ＰＯＰ世代が見た日本』文藝春秋、２０００年

菅野朋子『韓国エンタメはなぜ世界で成功したのか』文春新書、２０２２年

金成玟『戦後韓国と日本文化―「倭色」禁止から「韓流」まで』岩波書店、２０１４年

木村幹『歴史認識はどう語られてきたか』千倉書房、２０２０年

小針進『文在寅政権期の韓国社会・政治と日韓関係』柘植書房新社、２０２１年

ジョセフ・Ｓ・ナイ『ソフト・パワー―21世紀国際政治を制する見えざる力』山岡洋一訳、日本経済新聞社、２００４年

白石さや『グローバル化した日本のマンガとアニメ』学術出版会、２０１３年

チョ・ナムジュ『82年生まれ、キム・ジヨン』斎藤真理子訳、筑摩書房、２０１８年

鳥羽和久『「推し」の文化論―ＢＴＳから世界とつながる』晶文社、２０２３年

ホン・ソクキョン『BTS　オン・ザ・ロード』桑畑優香訳、玄光社、2021年
『広辞苑』第5版、1998年、同第6版、2008年
韓国歴史研究会監修『イヒョンセの漫画韓国史　すぐ分かる　10―日帝強占期と光復』緑の杖社、2005年（韓国語）

【論文など】

石井健一「東アジアにおけるジャパナイゼーション―ポピュラー文化流通の政策科学をめざして」、川崎嘉元・滝田賢治・園田茂人編著『グローバリゼーションと東アジア』中央大学出版部、2004年
金嬴「中国における日本のポップカルチャー受容と若者のアイデンティティ」、大野俊編『メディア文化と相互イメージ形成―日中韓の新たな課題〔新装版〕』九州大学出版会、2014年
小針進「盧武鉉政権の対日政策と市民社会の対日認識」、小此木政夫・西野純也編『韓国における市民意識の動態Ⅱ』慶應義塾大学出版会、2008年
小針進・渡邉聡「最新意識調査から読みとる　韓国の大学生は、こう考えている」『中央公論』2006年3月号
西寺郷太「NiziU　日本芸能界に来た『黒船』」『文藝春秋』2021年1月号
ヒバク・ファラ「ARMYが語る7人の魅力」『ニューズウィーク日本版』2022年4月12日号
小針進・渡邉聡「韓日交流プログラムに参加した若年韓国人の対日認識―JENESYSプログラム参加者と非参加者への意識調査から―」、ソウル大学校日本研究所・韓日親善協会編『韓日間交流と国家親善』

J&C、2013年（韓国語）
金兌植「韓中文化産業交流とその問題点に関する研究―政治・経済的難題を中心に」、大韓中国学会『中国学』第74号、2021年（韓国語）
ノ・ジョンテ「コンデは嫌だが、クッポンは良い矛盾の『ソテジ世代』」『新東亜』2023年2月号（韓国語）

【報告書など】

『平成17年特定サービス産業実態調査（確報）』経済産業省、2006年
『諸外国の文化予算に関する調査　報告書』芸術と創造、2016年
『2019年度実施の海外教育旅行の実態とまとめ（中・高）〈抜粋〉』日本修学旅行協会、2020年
『教育旅行年報データブック2023』日本修学旅行協会、2023年
『海外教育旅行のすすめ～再開・回復に向けて～2022』国土交通省観光庁、2022年
『訪日外国人の消費動向　2023年年次報告書』国土交通省観光庁、2024年
『世界の統計2023』総務省統計局、2023年

【ウェブサイト記事（署名入り）】

勝部元気「『女の子は頭からっぽでいい』がクールジャパンなのか?」『ハフポスト日本版』2016年4月20日

Kando, Yoshihiro「ＢＴＳが謝罪文を発表　ＳＷＣ、被団協ともに受け入れ」『BuzzFeed Japan』２０１８年11月14日

衣輪晋一「韓国版『鬼滅の刃』デザイン変更は適切だったのか？　〝現地化〟の課題」『ORICON NEWS』２０２１年４月10日

キム・サラン「韓国『鬼滅の刃』で〝旭日旗〟に非難、Netflixで『炭治郎の耳飾り修正』のご都合主義」『デイリー新潮』２０２１年３月９日

小島慶子「［小島慶子のＢＴＳ研究所］私の推しは『ＢＴＳのある世界』。アイドルに全く興味のなかった小島慶子が〝沼落ち〟した理由」『mi-mollet』２０２２年３月28日

慎武宏「ＢＴＳと秋元康コラボ中止騒動に違和感。韓国で〝右翼判定〟されてしまう日本の芸能人たち」『Yahoo! ニュース』オーサー記事、２０１８年９月27日

キム・チョン「反省のない日本…『鬼滅の刃』、『旭日旗狩りにあった』」『ＪＴＢＣ』２０２１年３月９日、韓国語

パク・ヨンウン「日本のＡＫＢ48プロデューサー『ＫＡＲＡのダンス・歌・舞台は完璧だ』」『STAR NEWS』２０１０年10月22日、韓国語

【週刊誌・ウェブサイト等の無署名記事】

「『紅白歌合戦』に韓流スター出場？　ＮＨＫ放送総局長発言にネットで『ふざけるな！』」『Ｊ－ＣＡＳＴニュース』２０１２年10月25日

「『ＮＨＫ紅白歌合戦』　青息吐息の舞台裏」『週刊新潮』　２０２２年12月１日号
「【オリコン年間】ＢＴＳ、海外アーティスト史上初の２年連続年間売上トータル１位　『僕たちの音楽を愛してくださる多くの方々のおかげ』」（『ORICON NEWS』　２０２２年12月23日）
「【オリコン上半期ランキング２０２３】『アーティスト別セールス　新人』LE SSERAFIMが、女性アーティスト史上初の10億円超えで１位に」（『ORICON NEWS』　２０２３年７月６日）

【公式ホームページ】
［日本語］ＮＨＫ／外務省／山梨県北杜市／言論ＮＰＯ／首相官邸／日本修学旅行協会／日本政府観光局／日本ユニセフ協会／BTS JAPAN OFFICIAL FANCLUB
［韓国語］韓国観光公社／韓国ギャラップ／東アジア研究院／リアルメーター

【掲載・配信記事】
［日本］『朝日新聞』／『産経新聞』／『静岡新聞』／『東京新聞』／『日経産業新聞』／『日経流通新聞』／『日刊スポーツ』／『日本経済新聞』／『毎日新聞』／『読売新聞』／共同通信／時事通信
［韓国］『アジア経済』／『韓国日報』／『京郷新聞』／『ソウル新聞』／『中央日報』／『朝鮮日報』／『東亜日報』／『釜山日報』／ニュースワン／聯合ニュース

小針　進（こはり　すすむ）

一九六三年、千葉県生まれ。朝鮮半島地域研究者。外務省専門調査員などを経て、静岡県立大学教授。著書に『韓国と韓国人』『日韓交流スクランブル』、編著に『崔書勉と日韓の政官財学人脈』など多数。

大貫智子（おおぬき　ともこ）

一九七五年、神奈川県生まれ。毎日新聞ソウル特派員、論説委員などを経て、韓国紙・中央日報東京特派員。『愛を描いたひと　イ・ジュンソプと山本方子の百年』で第27回小学館ノンフィクション大賞。

日韓《にっかん》の未来図《みらいず》　文化《ぶんか》への熱狂《ねっきょう》と外交《がいこう》の溝《みぞ》　集英社新書一二二七B

二〇二四年八月一四日　第一刷発行

著者……小針《こはり》　進《すすむ》／大貫智子《おおぬきともこ》

発行者……樋口尚也

発行所……株式会社集英社

東京都千代田区一ツ橋二-五-一〇　郵便番号一〇一-八〇五〇

電話　〇三-三二三〇-六三九一（編集部）

〇三-三二三〇-六〇八〇（読者係）

〇三-三二三〇-六三九三（販売部）書店専用

装幀……原　研哉

印刷所……TOPPAN株式会社

製本所……株式会社ブックアート

定価はカバーに表示してあります。

ISBN 978-4-08-721327-0 C0230

Printed in Japan

a pilot of wisdom